図解でわかる 時事重要テーマ100

2024-2025 | 日経HR編集部 編著

はじめに

　本書は就職試験や公務員試験、行政書士などの資格試験、中学受験から大学受験まで、あらゆる試験で問われる時事問題の学習の一助となることに主眼をおき、企画、構成したものです。時事ニュースは就職選考や受験において、筆記試験で出題されるだけでなく、グループディスカッションや小論文のテーマになったり、面接試験で意見を求められたりすることもあります。

　本書では、話題になっている国内外の時事ニュース、政治・経済の重要キーワードを、全9章・100テーマに分類し、やさしく解説しました。時事や政治・経済にあまりなじみのない方にも理解できるよう、豊富にイラストや図を掲載し、ひと目で重要なポイント（論点）が分かるよう工夫しています。

　社会の動向と深く関わる、産業界や企業に関する基礎知識や、新聞などを読むのに必要な経済用語も紹介しています。本書をうまく活用して、各種試験を乗り切ってもらえたら幸いです。

目次

本書の特長と活用法 6

姉妹本のご紹介 8

第1章　重要テーマセレクト10 9

01　ウクライナ侵攻の長期化 10

02　世界の分断と国際枠組み 12

03　グローバルサウス 14

04　経済安全保障 16

05　新型コロナウイルス感染症の5類移行 18

06　日本の人口―少子高齢化 20

07　デジタル人材育成 22

08　気候変動・気候危機 24

09　脱炭素とGX（グリーントランスフォーメーション） ... 26

10　生成AI・ChatGPT 28

確認ドリル 30

第2章　国際社会・経済 31

11	サミット（主要国首脳会議） 32
12	ウクライナ情勢 34
13	世界の政治情勢 36
14	中国の覇権主義 38
15	国際連合 40
16	核軍縮 42
17	主要国のエネルギー事情 44
18	世界の経済連携 46
19	欧米の金融不安 48
20	米中関係 50
21	ESG投資 52
22	暗号資産（仮想通貨） 54
23	グローバル・ミニマム課税／デジタル課税 56
24	SDGｓ（エスディージーズ） 57
25	世界の難民、避難民 58
26	NFT（非代替性トークン） 59
27	AUKUS（オーカス） 59
	確認ドリル 60

第3章　国内政治 61

28	2023年の国政と重要法案 62
29	加速する「新しい資本主義」 64
30	異次元の少子化対策 66
31	子どもを巡る問題とこども家庭庁 68
32	日本の国境を巡る情勢 69
33	国家安全保障と防衛費 70
34	マイナンバーカードのトラブルとマイナ保険証 72
35	農林水産物の輸出拡大と食料自給率 73
36	デジタル田園都市国家構想 74
37	改正道路交通法―自動運転、電動キックボード 75
38	ジェンダーギャップと女性活躍推進法 76
39	成人年齢引き下げ 77
40	一票の格差問題 77
	確認ドリル 78

第4章　日本経済 79

41	国家予算 80
42	社会保険 82
43	年金制度 84
44	iDeCo 86
45	インバウンド消費 87
46	家計金融資産と新しいNISA 88
47	個人向け電子商取引（EC） 89
48	インボイス制度 89
確認ドリル 90

第5章　業界・企業 91

49	企業合併・買収 92
50	企業の分類① 94
51	企業の分類② 96
52	業界・企業のトピック 98
53	サプライチェーン 100
54	企業連合・異業種連携 102
55	企業経営に関わるビジネス用語 104
56	株式時価総額 105
57	無形資産 105
確認ドリル 106

第6章　労働・雇用 107

58	働き方改革と2024年問題 108
59	雇用契約 110
60	育児休業・ワークライフバランス 112
61	変わる企業経営―人的資本経営 114
62	日本の賃金問題 116
63	新しい働き方―テレワーク、ジョブ型雇用、副業推進 118
64	大卒の求人倍率 119
65	賃金のデジタル払い解禁 119
確認ドリル 120

第7章　テクノロジー 121

66	第4次産業革命	122
67	5G／6G	123
68	サイバー攻撃	124
69	DX（デジタルトランスフォーメーション）	126
70	半導体	128
71	宇宙開発	129
72	エコカー	130
73	メタバース	132
74	再生可能エネルギー、次世代エネルギー	134
75	量子技術	136
76	小型衛星コンステレーション	136
77	空飛ぶクルマ	137
78	バイオものづくり	137
	確認ドリル	138

第8章　社会・環境 139

79	国土強靱化	140
80	防災―関東大震災から100年	142
81	代替たんぱく質	143
82	原発再稼働	144
83	福島第一原子力発電所の処理水の海洋放出	145
84	大学入試改革	146
85	スーパーシティ構想、スマートシティ	147
86	パリオリンピック・パラリンピックの話題	148
87	2023年スポーツ・文化の話題	148
88	闇バイト	149
89	CO_2の回収・貯留、活用（CCS、CCUS）	149
	確認ドリル	150

第9章　経済の基礎知識 151

90	景気	152
91	GDP	154
92	インフレ・デフレ	155
93	日本銀行の金融政策	156
94	国債	158
95	貿易	159
96	円高・円安	160
97	企業決算	162
98	損益計算書	164
99	貸借対照表（バランスシート）	164
100	おもな決算用語	165
	確認ドリル	166

本書の特長と活用法

本書の5大特長

● 100テーマ厳選して紹介
政治、経済などのさまざまな出来事の内容やその課題を、全9章で100テーマを厳選して掲載。第1章の「重要テーマセレクト10」では、特に話題を集めている重要なテーマをまとめた。

● テーマのポイントが明確
各テーマの意味や問題（課題）が何なのか、また「そもそも」何なのか？など、冒頭に押さえるべきポイントをまとめた。

● ビジュアル誌面で分かりやすい
各テーマの内容がひと目で分かるように、イラストや図を使って解説。解説文はあえてシンプルにした。短時間でイッキに理解することが可能だ。

●「働くことを考える」テーマを掲載
筆記テストやグループディスカッションなどの試験の対策だけでなく、企業や業界の研究に役立つ情報、就職前には知っておきたい雇用に関する基礎知識も掲載した。

● 経済知識の基礎も掲載
新聞やテレビで報道される、経済や企業に関するニュースを理解するため、経済の基礎的な用語もいくつか取り上げた（第9章）。

● 本書の内容は、原則として2023年9月1日時点の情報に基づきます。
● 敬称、商標は省略しています。
● 引用・転載しているデータ・資料等の出所（参考文献、ウェブサイト）は、各ページに明記しています。なお、本書制作にあたり、さまざまなウェブサイト等も参考にしています。
● 本書の発行後に更新された重要事項は日経HRのウェブサイトに掲載します。

● 重要度
★マークで3段階表示している。★マークが多いほど重要度が高い。時間がない場合は、★★★のものから優先的に読んでいこう。

● 解説文
なるべく平易な表現で、簡潔にわかりやすく解説している。

● 関連キーワード
各テーマに関連し、知っておきたいキーワードを掲載した。「解説文」に、その言葉が出てくる場合もあるので、こちらをあわせて確認してもらいたい。

●ポイント
各テーマの意味や問題（課題）、重要事項をまとめた。

●図や表での解説
世界情勢での対立の構図、さまざまな制度の仕組み、メリット・デメリットなどを図とイラストで解説した。経済関連のテーマではグラフが多いが、「見るべきポイント」がすぐに分かるようにしている。

●確認ドリル
各章の最後に掲載している。本書で解説した基礎的な内容が理解できているかを確認しよう。簡単な穴埋め問題なので、確実に答えられるようにしておこう。

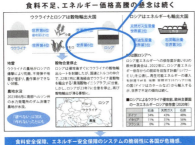

日経HRの時事問題対策関連本
姉妹本のご紹介

入試や就職・転職、資格、公務員試験では、時事問題について問われることがある。ニュースを見ていて、内容がよくわからないこともあるだろう。『日経キーワード』では、社会の動きをつかめるキーワードを500語以上掲載し、解説している。本書『図解でわかる時事重要テーマ100』と併せて活用すれば、ビジネスや社会の動きについての理解がより深まるだろう。

社会の動きをつかめるキーワードを500語以上掲載
言葉の意味や背景がわかり、時事・経済ニュースをみるみる理解できるようになります。

巻末には「資料編 基礎用語ミニ辞典」
日経ならではのミニ辞典として、「経済・金融」「国際」などの基礎用語を掲載。

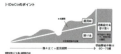

第1章

重要テーマセレクト10

テレビや新聞などで話題となっているテーマから、
編集部が注目する 10 本をセレクト。
まずはこの 10 テーマをしっかり学ぼう。

01 ウクライナ侵攻の長期化

★★★

- ロシアの和平の交渉条件は一方的に併合したウクライナ東・南部4州の独立の承認等、ウクライナにとって合意できない内容
- 穀物合意停止など、食料、エネルギー安全保障の懸念も続く

和平交渉の行方

2022年2月24日　ロシアがウクライナへ侵攻

侵攻の理由・背景（テーマ12参照）

ウクライナのNATO（北大西洋条約機構）加盟を阻止	ウクライナ政府からのジェノサイド（集団虐殺）にさらされるロシア系住民の保護
・ゼレンスキー大統領はNATO加盟を公約に掲げている。	・ウクライナ東部2州の独立を巡り、ウクライナ政府と親ロシア派武装勢力が戦闘状態にあった。

「私たちの夢は勝利し、平和を取り戻すこと」　応戦　←→　侵攻　「和平の条件はウクライナ東・南部4州の独立の承認」

ウォロディミル・ゼレンスキー大統領
2019年5月に大統領就任。汚職の根絶も公約に掲げた。24年5月の任期満了に伴う大統領選実施の予定。

ウクライナ
人口：4159万人
兵力：ロシアの半分強
G7やEU（欧州連合）、NATO加盟国などが支援。国連総会やG20サミット（ビデオ演説）、G7サミットなどにも参加し、各国に支援を要請。

ロシア
人口：1億4645万人
兵力：約119万人（現役兵）
兵力はウクライナの2倍弱と見られる。核兵器保有国で、その使用を示唆するほか、隣国ベラルーシに戦術核兵器を配備。

ウラジーミル・プーチン大統領
2021年に大統領選挙法を改正し、36年（83歳）まで続投可能。24年3月に次期大統領選が行われる予定。

両国の和平の条件

■ウクライナ　ゼレンスキー大統領が掲げる「平和の公式」10項目

①放射線と原子力の安全性	⑥ロシア軍の撤退と交戦の停止
②食料安全保障	⑦正義（戦争犯罪に対しての処罰）
③エネルギー安全保障	⑧環境の即時保護
④すべての捕虜と追放された人々の保釈	⑨エスケレーションの防止（再発、さらなる侵略の拡大の防止）
⑤国連憲章の履行、ウクライナの領土保全と世界秩序の回復	⑩戦争終結の確認

■ロシア
ウクライナが東・南部4州の独立の承認、NATO加盟を断念することなど。

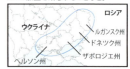

出所：外務省、ウクライナの公式ウェブサイトなどを参考に作成

平和に向けた戦い

2022年2月24日に始まったロシアによるウクライナ侵攻。人口や兵力ではロシアが圧倒するが、ウクライナのゼレンスキー大統領は世界に支援を呼びかけ、日米欧などから支援を受け、応戦を続けている。長引く戦闘に、22年11月のG20にビデオ参加したゼレンスキー大統領は「平和の公式」10項目を提示。「放射線と原子力の安全性」「食料安全保障」など、ロシアの侵攻が全世界に関わる危機であること、また、ウクライナの領土を取り戻すことなどを和平の条件として掲げた。平和の公式は、G7広島サミットなどでも繰り返し訴えかけている。一方、ロシアのプーチン大統領は、併合したウクライナ東・南部4州の独立の承認などを和平案として挙げている。

関連キーワード

クリミア自治共和国：ウクライナ内の自治共和国。2014年に住民投票が実施され、独立を宣言。「クリミア共和国」としてロシア連邦に編入されたが、欧米や日本などの諸外国は独立とロシア編入を認めていない。

不安定な情勢のなか和平を求める声が挙がる

アフリカ7カ国がロシア訪問、和平を提案

2023年6月、南アフリカ大統領やアフリカ連合(AU)議長を務めるコモロの大統領、エジプト首相などのアフリカ7カ国の首脳陣がロシアのプーチン大統領を訪問。ウクライナ侵攻による食料難などが深刻なことから和平案を提示。プーチン大統領は翌7月のロシア・アフリカ首脳会議で、アフリカ6カ国に無償でロシア産農作物を提供することを表明している。

■ロシアが農作物を無償提供するアフリカ6カ国

エリトリア	ジンバブエ	ソマリア
中央アフリカ	ブルキナファソ	マリ

サウジアラビアで和平協議 40カ国以上参加

サウジアラビア　　ウクライナ

2023年8月、サウジアラビアで和平に関する協議が行われ、日本や米国、欧州各国、中国、インド、トルコなど40カ国以上の政府高官が出席。ゼレンスキー大統領による「平和の公式」10項目などを協議。

食料不足、エネルギー価格高騰の懸念は続く

ウクライナとロシアは穀物輸出大国

ウクライナ
小麦 世界第6位 侵攻前は5位

トウモロコシ 世界第4位

ロシア
小麦 世界第1位
トウモロコシ 世界第6位

地雷
ウクライナの農地がロシアの爆撃により荒廃、不発弾や地雷が埋まり、農作業ができない状態。

農地水没
2023年6月に南部ヘルソン州の水力発電所のダム決壊で農地が水没。

「運べない」に加え「作れない」ことにも

穀物合意停止
ロシアは侵攻後すぐにウクライナの穀物輸出ルートを封鎖したが、国連とトルコの仲介で、22年7月に黒海経由でウクライナ産穀物を輸出する「黒海穀物イニシアチブ」に合意。しかし、ロシアが23年7月に合意を停止。再び穀物輸出が滞る事態に。

ベラルーシ／ロシア／ウクライナ／黒海

ロシアはエネルギーも輸出大国

天然ガス生産量 世界第2位
原油生産量 世界第3位
石炭輸出量 世界第3位

EUは脱ロシアへ
ロシア産エネルギーへの依存度が高いEUの欧州委員会は、2022年に、ロシア産エネルギー依存からの脱却を目指す計画「リパワーEU」を公表し、再生可能エネルギーの導入を加速させる。当面、天然ガスはロシア以外の国(ドイツはカタールなど)から輸入するが、世界で不足の傾向は続く。

■ロシアによるウクライナ侵攻前、欧州主要国の一次エネルギーロシア依存度(2020年)

	石油	天然ガス	石炭
ドイツ	34%	43%	48%
イタリア	11%	31%	56%
フランス	0%	27%	29%

食料安全保障、エネルギー安全保障のシステムの脆弱性に各国が危機感。

出所:農林水産省、資源エネルギー庁のウェブサイトなどを参考に作成

深刻な食料不足にアフリカが動く

国土の7割が農用地で穀物輸出量の多いウクライナと小麦輸出世界一でありエネルギー輸出大国のロシアの戦闘は、それらの価格高騰の一因となり世界経済に影響を与え続けている。侵攻後、ウクライナとロシアの合意のもと設置した穀物回廊も、23年7月にロシアが合意を停止。さらに、ウクライナでは戦闘により農作業が困難な土地が増えてきている。

アフリカ諸国の食料不足は特に深刻で、その影響を訴えるため23年6月にアフリカ7カ国の首脳がウクライナ、ロシアを訪問し和平案を提示した。サウジアラビアでの和平協議など、和平を求める動きは広がっている。侵攻前まではロシア産エネルギーへの依存度が高かったEU各国は、脱ロシアに向けて動いている。

関連キーワード　**ウクライナの汚職問題**:ウクライナでは公職者などの汚職が長年の課題で、EU加盟の障壁ともなっている。2023年には、国防次官や徴兵責任者などが次々に汚職で摘発・解任。監督責任が問われレズニコフ国防相も更迭。各国からの支援への影響が懸念されている。

02 世界の分断と国際枠組み

★★★

ポイント
▶ロシアのウクライナ侵攻に対し、各国の姿勢に大きな変化なし
▶国際枠組みを広げる傾向にあり、同じ価値観、地域などで一体感
▶日米欧と、ロシア、中国との対立構図が続く

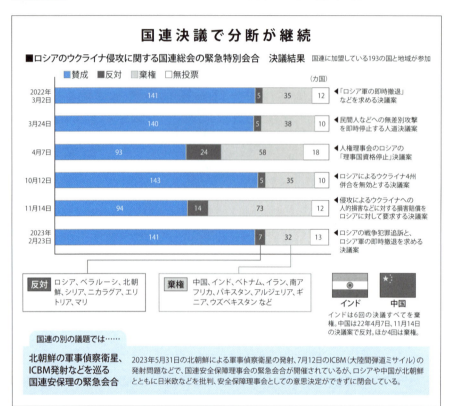

国際平和と安全を維持する国連で分断

国際平和と安全の維持を目指す国際組織・国際連合。2022年2月24日のロシアによるウクライナ侵攻後、2月28日から3月2日まで緊急特別会合を開き、ロシア軍の即時撤退を求める決議案の採決を行った。193カ国中141カ国が賛成し採択はされたが、法的拘束力はなく事態は変わらなかった。半面、各国の外交姿勢が鮮明となった。その後、ウクライナ侵攻に関して5回の緊急特別会合を開催。賛成や反対、棄権に対する各国の姿勢はほぼ変わらず、ベラルーシや北朝鮮などは全ての決議に反対、中国は反対または棄権、インドは全ての決議で棄権に回った。棄権票を投じる国にはアフリカ諸国や中央アジアなどのグローバルサウスが多く見られ、G7(主要7カ国)や中ロは、とくに中立

関連キーワード

民主主義サミット：米国のバイデン大統領が主導する民主主義国家の結束を高めるオンライン形式のサミット。第1回は2021年12月に約111の国と地域、第2回は23年3月に120の国と地域が参加した。中国とロシアは招待されていない。

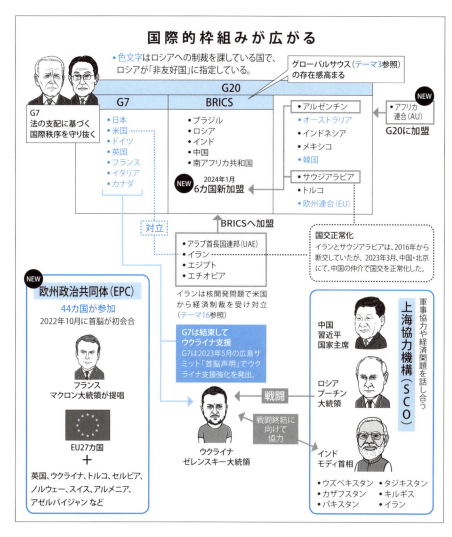

の立場を取るグローバルサウスの国々との外交を重視する傾向が強まった。また、国連安全保障理事会では、北朝鮮による軍事偵察衛星と称する打ち上げなどに対しても、日米欧と中ロとの決裂が見られた。G7や日米欧は国際秩序を守る姿勢で、中ロに対抗する。

欧州44カ国で新たな協力体制

世界の分断が懸念される中で、より大きくまとまろうとする動きもある。BRICSには6カ国が新加盟し、結束を図る。フランスのマクロン大統領は、EU（欧州連合）27カ国に加えて英国やスイス、バルカン諸国など44カ国による「欧州政治共同体（EPC）」を呼び掛け、より大きな枠組みで協力し合い、中ロへの対抗姿勢を見せる。G20には新たにアフリカ連合（AU）が加盟する。

ノーベル平和賞：2022年のノーベル平和賞は、平和を訴え、人権を抑圧する政府への抗議活動を続けるベラルーシの人権活動家アレシ・ビャリャツキ氏と、ウクライナの人権団体「市民自由センター（CCL）」とロシア人権団体「メモリアル」が受賞した。

03 グローバルサウス

- ▶南半球に位置する新興国や途上国の総称
- ▶人口で先進国を圧倒、GDP 成長率も伸びている
- ▶対立する G7、中ロはグローバルサウスへの関与を強化

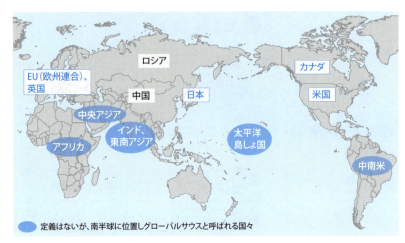

グローバルサウスの国々

定義はないが、南半球に位置しグローバルサウスと呼ばれる国々

■世界の人口ランキング（2021年推計）

順位	国名	推計人口
1	中国	14億2589万人
2	インド	14億756万人
3	米国	3億3699万人
4	インドネシア	2億7375万人
5	パキスタン	2億3140万人

順位	国名	推計人口
6	ブラジル	2億1432万人
7	ナイジェリア	2億1340万人
8	バングラデシュ	1億6935万人
9	ロシア	1億4510万人
10	メキシコ	1億2670万人

2023年にインドが人口世界一に！

米国が先進国で唯一トップ10にランクイン

日本は11位

出所：外務省のウェブサイトを参考に作成

貧困、教育格差の問題も抱える

グローバルサウスは、北半球の南部と南半球に位置する新興国や途上国の総称。北半球の先進国（グローバルノース）との対比で用いられることが多い。グローバルサウスには、東南アジアやインド、アフリカ、中南米、中央アジア、太平洋島しょ国などが含まれる。人口が増加傾向にあり、経済の発展が見込まれる一方、貧困、教育の格差、健康問題、環境汚染、民族対立などの問題を抱えた国も多くある。人口の増加では、少子高齢化・人口減少に向かう先進国を圧倒する。

中立を保ち自国の立場を守る

ウクライナに侵攻したロシアと海洋進出を続ける中国と、G7(主要 7 カ国) や EU（欧州連合）、NATO（北大西洋条約機構）加盟国、

Quad（日米豪印戦略対話）：日本、米国、オーストラリア、インドの 4 カ国の首脳や外相が、インド太平洋地域の経済や安全保障を協議する枠組みを通称「Quad（クアッド）」と呼ぶ。「自由で開かれたインド太平洋」を共通ビジョンとしている。

人口、経済ともに存在感が高まるグローバルサウス

人口ではグローバルサウスが世界をリードするG7を圧倒し、市場としての魅力も高まる。

■世界でのG7の人口の割合(2021年)

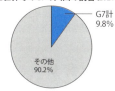

世界全体(約79億1千万人)のうち、G7の人口は約10%。
出所:国連「World Population Prospects: The 2022 Revision」

■世界でのGDPの割合(2022年)

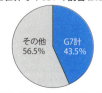

1980年代後半にはG7が世界の7割近くを占めていたが、新興国の成長などで低下。それでも世界経済の4割以上を占めている。
出所:外務省のウェブサイト

■中国及びグローバルサウスの人口動態予測

■中国及びグローバルサウスの年平均名目GDP成長率の変化

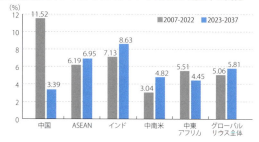

G7(主要7カ国)
民主主義
中国を念頭に
Quad(クアッド)で日米豪と連携

グローバルサウスへの関与を強化
グローバルサウス
新興国・途上国

グローバルサウスの盟主インド
インド
モディ首相
戦略的自律

国境問題などで対立

権威主義
ロシアのエネルギーや武器を購入

出所:「中国及びグローバルサウスの人口動態予測」「年平均名目GDP成長率の変化」は経済産業省「通商白書2023」を基に作成

オーストラリアなどの西側諸国の間で対立の構図が強まった。西側諸国は国際秩序を守るためにも、グローバルサウスの国を西側陣営に取り込む必要があるが、グローバルサウスの中にはどちらにもくみさず中立的な立場を取り、自国にとっての利益を守る国も少なくない。その中でリーダー的な立場を取るのが、世界一の人口を抱え、2022年名目国内総生産(GDP)が英国を抜いて世界5位となったインド。23年1月には125カ国の代表が集まったオンライン会合「グローバルサウスの声サミット」を開き、モディ首相は演説で「人類の4分の3が私たちの国に暮らしている」と存在感をアピールした。戦略的自律を謳うインドは、各国の主義・主張を超えて連携し、世界で重要な国の1つになっている。

TICAD(アフリカ開発会議):3年に1度、日本政府の主導のもと、国連や世界銀行、アフリカ連合委員会などとともに開催する、アフリカ地域の開発をテーマとした国際会議。TICADはTokyo International Conference on African Developmentの略。

04 経済安全保障

▶インフラや技術、重要物資の確保など経済面の安全保障
▶2022年5月、経済安全保障推進法が成立
▶政府は2022年12月に11の特定重要物資を指定

経済安全保障推進法が成立した主な背景

パンデミック、米中対立、ロシア軍事侵攻などの影響
↓
サプライチェーン（供給網）の寸断
↓
重要物資の不足

世界で新型コロナウイルスの感染が拡大した時、マスク不足や、半導体不足による自動車製造の滞りなどが起きた。

企業の被害が増加
↓
サイバー攻撃
↓
工場の停止など

サイバー攻撃による工場の稼働停止、情報漏洩、情報復元のための身代金の要求などが多発（テーマ68参照）。電気・ガスなどのインフラ企業が攻撃にあう脅威も。

不正調達、技術者の流出
↓
先端技術の情報漏洩
↓
軍事転用や国際競争力の低下

日本の大学や研究機関に在籍した留学生が、外国で軍事関連の研究に従事する例がある。また、日本の機械製造会社が軍事転用可能な高性能モーターを中国企業に輸出する例なども。

半導体不足：技術移転やスパイ活動など安全保障上の問題があるとして、米国が2020年秋、中国の半導体メーカーを排除。台湾メーカー数社に注文が集中し、コロナ禍の半導体不足に拍車がかかった。

他国による技術の不正利用や、経済・生活基盤を脅かすリスクから国家、国民を官民協力して守る

出所：内閣官房のウェブサイト、公安調査庁「経済安全保障の確保に向けて2022～技術・データ・製品等の流出防止～」等を参考に作成

重要物資の確保や先端技術開発を支援

経済安全保障とは、経済・生活基盤を脅かすリスクから国家・国民を守ること。2020年に新型コロナウイルス感染症が世界的流行（パンデミック）となった際に、マスクや医療物資の不足、サプライチェーン寸断による経済活動の滞りなどが問題となった。新型コロナウイルスで停滞していた経済活動が回復し始めた20年秋ごろは、半導体の需要が膨らんだ。そんな折、米国政府がスパイ活動や技術移転など、安全保障上の脅威があるとみなす中国の半導体メーカーとの取引を法的に禁止。世界的な半導体不足が加速した。さらには、他国からのサイバー攻撃や、先端技術の情報漏洩、ロシアに至っては食料や肥料、エネルギーの輸出制限などを武器に世界を揺さぶるなど、安

外為法（外国為替及び外国貿易法）：技術の海外流出を防ぐため、海外投資家が日本の重要な技術を擁する企業の株を1％以上取得する場合、政府の審査を必要とする法律。政府が重点的に審査する「コア業種」は、武器や航空機、原子力などに関わる14業種。

経済安全保障推進法の4つの柱

経済安全保障推進法は2022年8月から段階的に施行

特定重要物資の確保（サプライチェーンの強靭化）

政府が特定重要物資を指定し、同物資を扱う企業の供給確保計画を認定、確保を支援

特定重要物資

抗菌性物質製剤（抗菌薬）	肥料	永久磁石	工作機械・産業用ロボット
クラウドプログラム	蓄電池	船舶の部品	航空機の部品
重要鉱物（レアメタル・レアアース）	半導体	天然ガス	

政府 ⇄ 企業など（安定供給に関する計画書提出／認定や調査）
認定を受けたら助成金などの支援が得られる

基幹インフラの安定確保

政府が下記14分野ごとに企業等の事業者を指定、導入する設備等の事前審査を実施

基幹インフラの事前審査対象分野

電気	ガス	石油	貨物自動車運送
金融	鉄道	外航貨物	クレジットカード
水道	電気通信	放送	
航空	空港	郵便	

政府 ⇄ 企業など（設備導入の計画書を提出／事前審査）
インフラの脆弱性など問題がある場合は勧告、命令

先端技術の開発支援

先端技術の開発を政府の支援の下、官民で協力して実施

国が財政支援
宇宙開発、人工知能（AI）、量子技術、情報科学、バイオ技術などを想定

政府 ⇄ 企業など（先端技術開発の協議会／官民連携）
専門分野の研究者を募集
参加 → 守秘義務を負う

特許出願の非公開

公にすると国家・国民の安全を損なう恐れのある特許出願を非公開に

核開発につながる技術や軍事転用の恐れのある技術など

政府 ⇄ 企業など（軍事転用の可能性のある特許を出願／非公開）
特許権収入を補償

企業は資金面などで政府の支援を受けられる ⇔ 自由な経済活動への影響を懸念

出所：内閣官房のウェブサイトなどを基に作成

全保障上の脅威が高まっている。

こうした事態を受けて、22年5月に「特定重要物資の確保」「基幹インフラの安定確保」「先端技術の開発支援」「特許出願の非公開」の4つを柱とする経済安全保障推進法が成立。政府が半導体などの重要物資の調達先を特定の国に過度に依存していないか、インフラ整備に導入する設備に問題がないか、技術移転の懸念がないかなどを調査。同時に、国内での先端技術の開発も支援する。

22年12月には、経済安全保障推進法に基づき、半導体や肥料など11の特定重要物資を指定した。さらに24年には、安全保障上の機密情報を取り扱う政府職員や民間人などに、その資格を与える「セキュリティー・クリアランス制度」を設ける予定だ。

特定秘密保護法：外国のスパイなどに対して、安全保障についての機密情報をみだりに漏洩させないことを目的とした法律。2014年12月に施行。同法律では、「防衛」「外交」「スパイ活動防止」「テロ防止」の4つに該当する情報が「特定秘密」とされている。

05 新型コロナウイルス感染症の5類移行

- ▶新型コロナは季節性インフルエンザと同じ扱いに
- ▶全世界での死者数は約692万人、国内死者数は約7万5000人
- ▶感染対策の遅れなどの反省から内閣感染症危機管理統括庁を設置

感染症法に基づく分類と5類移行での変化

感染症は、病原体の危険度によって1～5類に分類され、対人、対物の措置が定められている。

感染症法に基づく分類	1類	2類	3類	4類	5類
	エボラ出血熱、ペストなど	結核、SARSなど	コレラ、細菌性赤痢など	黄熱、狂犬病など	季節性インフルエンザなど

■5類移行で変わったこと

	～2023年5月7日	2023年5月8日～
感染症法上の分類	2類相当	5類
感染者の待機期間	法律に基づき原則7日	個人、事業主の判断によるが、発症翌日から5日が目安
小中高校の出席停止	発症翌日から7日	発症翌日から5日
発生動向	感染者や死亡者数の総数を毎日把握・公表	定点把握で1週間ごとの患者数を公表
診療体制	発熱外来4.4万カ所	6.4万カ所目標
入院体制	3000カ所	8200カ所目標
外来医療費(検査費・治療費)	公費負担	原則自己負担
入院医療費	公費負担	自己負担(23年9月末まで月2万円補助)
高額治療薬	公費負担	公費負担、23年10月から一部自己負担
ワクチン接種	公費負担	23年度中は公費負担、24年度は検討中
マスク(3月13日から)	屋外では原則不要、屋内では人との距離を確保できて会話をほとんどしない場合を除いて着用	屋内外を問わず個人の判断
水際対策(4月29日から)	72時間以内の陰性証明もしくはワクチン3回目接種の証明書の提示	証明書提示は不要。発熱などのある入国者から任意で検体を採取する監視を継続

出所:厚生労働省のウェブサイトなどを参考に作成

5類移行で医療費は自己負担

新型コロナウイルス感染症の感染症法上の分類が2023年5月8日、季節性インフルエンザと同じ「5類」に移行した。新型コロナは20年2月に「指定感染症」に指定され、21年2月には結核や重症急性呼吸器症候群(SARS)などの2類に相当する「新型インフルエンザ等感染症」となった。

5類移行後は、これまで無料だった外来医療費や入院医療費、検査費、内服薬などは一部を除いて自己負担となった。また、感染者や濃厚接触者の自宅待機要請はなくなり、個人や事業主の判断にゆだねられた。学校の出席停止は発症翌日7日から5日に減った。

国内死者数は約7万5000人

世界保健機関(WHO)も23年5月5日に

一般用抗原検査キット:新型コロナ感染の有無を検査できる市販キットとして、国が承認したものは「体外診断用医薬品」または「第1類医薬品」と表示。「研究用」と表示されたものは性能等が確認されていないので、購入しないよう厚生労働省が呼びかけている。

20年1月に宣言した「国際的に懸念される公衆衛生の緊急事態」（緊急事態宣言）を終了した。WHOによると、23年5月3日までの新型コロナによる世界の死者数は約692万人に達したという。国内の23年5月8日までの感染者数は3380万2739人、死者数は7万4669人だった。

社会経済活動も平時に戻り、訪日客も回復している（テーマ45 参照）。

政府は新型コロナの感染対策の遅れなどの反省から、23年9月に「内閣感染症危機管理統括庁」を設置。さらに、米国の疾病対策センター（CDC）を参考に、2025年度以降に国立感染症研究所と国立国際医療研究センターを統合して「国立健康危機管理研究機構」の設置を目指している。

 関連キーワード　**mRNA（メッセンジャーRNA）ワクチン**：病原性を弱めたウイルスを投与する生ワクチンと異なり、ウイルスのタンパク質の遺伝情報を投与し、体内でこの情報を基にウイルスのタンパク質の一部が作られる。そのタンパク質に対する抗体が作られて免疫ができる。

06 日本の人口－少子高齢化

★★★

▶日本の人口は減少が続き、2056年には1億人割れに
▶少子高齢化が進み、2037年には3人に1人が65歳以上に
▶政府は少子化対策、外国人の受け入れ、デジタル化を推進

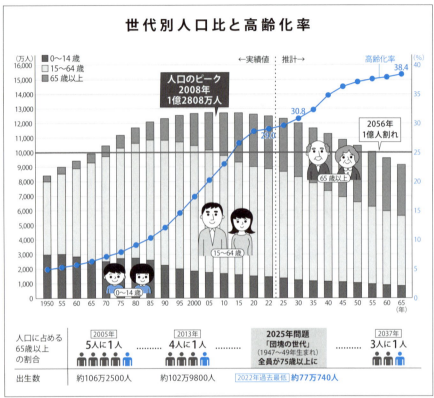

出所：内閣府「令和5年版高齢社会白書」、内閣府「令和4年版 少子化社会対策白書」を基に作成

約50年間で婚姻数は半減

内閣府の高齢社会白書によると、日本の総人口は2008年の1億2808万人をピークに減少が続き、22年の1億2494万人から30年には1億2012万人と482万人減少する。京都府と宮城県の人口を足したほどの人数が減り、そして2056年には人口が1億人を割り9965万人になると予測されている。

人口に反して増えるのが65歳以上の高齢者の割合だ。高齢化率は2022年の29.0％から、2030年の30.8％を経て、2037年には33.3％と国民の3人に1人が高齢者となり、2065年に38.4％になる見通しだ。出生数は、年々低下を続け（テーマ30参照）、年少人口（0～14歳）割合が低く、老年人口（65歳以上）の割合が高くなっている。高齢化の背景には

高齢化社会、高齢社会、超高齢社会：一般的に高齢化社会は65歳以上の人口が総人口の7％を超えた社会、高齢社会は同14％超え、超高齢社会は同21％を超えた社会を指す。日本は、1970年に7％を超え、94年に14％を超え、2007年に21.5％となり超高齢社会に突入した。

20

少子高齢化の背景と影響

平均寿命延伸
食生活をはじめとする生活環境の改善、医療の発達などにより、平均寿命が延伸。

	1970年	2000年	2022年
男性	69.31歳	77.72歳	81.05歳
女性	74.66歳	84.60歳	87.09歳

婚姻数の減少
人口減少により婚姻数が減少、生涯未婚率は上昇。結婚観や子供を持つことへの考え方は多様化。

		1970年	2020年
婚姻数		102万9410組	52万5507組
生涯未婚率(50歳未婚率)	男性	1.7%	28.3%
	女性	3.3%	17.8%

「独身でいる理由」トップ(25〜34歳)
「適当な相手にまだ巡り合わない」

合計特殊出生率の低下
1人の女性が生涯に産むとされる子供の数(その年の15〜49歳の女性の年齢別出生率の合計)が低下。

1970年	2022年
2.13	1.26

「理想の数の子どもを持たない理由」トップ
(理想の子ども数を下回る、妻の年齢が50歳未満の初婚夫婦)
「子育てや教育にお金がかかりすぎるから」

出所:「独身でいる理由」「理想の数の子どもを持たない理由」は国立社会保障・人口問題研究所「第16回出生動向基本調査」(2021年)

社会・生活、経済に影響

経済成長の停滞
生産年齢人口(15〜64歳)の減少で経済成長は停滞。

実質GDP成長率の平均
- 高度経済成長期 1956〜73年度 **9.1%**
- 安定成長期 1974〜90年度 **4.1%**
- 低成長期 1991〜2019年度 **0.9%**

社会保障費の負担増
医療や介護などの社会保障費が増大、現役世代の負担増。

社会保障給付費
1995年 64.7兆円 → 2倍 → 2020年 132.2兆円

各サービスの維持困難
2050年に829市町村(全市町村の66%)で入院患者20人以上を有する一般病院の維持が困難になる可能性。銀行やコンビニの撤退、介護を担う人材の不足も。

空き家の増加(848.9万戸/2018年10月時点)なども…。

政府の主な施策

- 異次元の少子化対策
- 外国人の受け入れ・共生
- デジタル化(デジタルを活用して地方活性化 労働生産性の向上で経済活性化)
- 定年延長、社会保障制度の見直し

出所:内閣府「令和5年版高齢社会白書」、内閣府「令和4年版 少子化社会対策白書」、国土交通省「令和3年版 国土交通白書」などを基に作成

平均寿命の延伸があり、少子化の背景は様々あるが婚姻数の減少がその1つ。婚姻数は第2次ベビーブーム(1971年〜74年)が始まる前年・1970年の102万9410組から、2020年には52万5507組と半減している。

少子化対策が優先課題

少子高齢化、人口減少が進む日本では、GDP成長率は停滞。現役世代の割合が減る中で年金、医療費などの社会保障給付費は増大している。人口減少が大きい地域では、医療をはじめ様々なサービスの維持が困難になる可能性も指摘されている。政府は少子高齢化、人口減少の課題を、「異次元の少子化対策」や「外国人の受け入れ・共生」「デジタル化」「定年延長」「社会保障制度の見直し」などの施策で解消していくことを試みている。

老老介護:65歳以上の高齢者が高齢者を介護することで、その割合は年々高まっている。厚生労働省が3年に1度実施している「国民生活基礎調査」によると、65歳以上を介護している人の63.5%が65歳以上で、前回の19年の調査よりも3.8ポイント上昇した。

07 デジタル人材育成

- 政府は2026年度までにデジタル人材230万人育成を目指す
- 日本は「世界デジタル競争力ランキング」で世界29位
- 企業も社内でデジタル人材育成に取り組む

デジタル推進人材の育成目標

2022年度〜26年度で230万人育成!

デジタル社会の推進に最低限必要な人数=6800万人(日本の労働人口)×0.3※×0.16※=326.4万人=現在の情報処理・通信技術者数約100万人+約230万人

※0.3:組織・コミュニティの構成員の30%が変革すると、その組織・コミュニティの文化が変わる。(ロザベス・モス・カンターの「黄金の3割理論」)
※0.16:全体の16%の組織・コミュニティが変革すると、その変革が他の組織・コミュニティにも広がっていく。(エベレット・M・ロジャーズの「イノベーター理論」)

デジタル推進人材

ビジネスアーキテクト	データサイエンティスト	エンジニア・オペレーター	サイバーセキュリティスペシャリスト	UI/UXデザイナー
DX(デジタルトランスフォーメーション)の目的設定、実行、効果検証まで全ての工程をコーディネートする人材	デジタル事業において、データの高度な解析や分析を担う人材	システム実装をはじめITインフラの構築や、保守・点検などを担う人材	サイバーセキュリティに関する専門的な知識や技能を持ち、情報セキュリティマネジメントに関する業務などを担う人材	デジタル事業に関して、ユーザー向けのデザインを担う人材

2024年度末までに 年17万人
- 大学・高等専門学校卒業生
 ※応用基礎レベルの教育を受けた卒業生

2024年度末までに 年13万人
- オンライン講座やデジタル系資格取得など
 ・情報処理技術者試験
 ・民間検定試験 など

2024年度末までに 年13.5万人
- 教育訓練給付
- 公的職業訓練
- 人材開発支援助成金
 ※全受講者の3割程度がデジタル分野の訓練を受講することを目指す。

+ 民間企業等のDX人材育成

新社会人 年100万人 | **現役社会人(日本の労働人口) 6800万人**

出所:内閣官房「デジタル人材の育成・確保に向けて」「新しい資本主義のグランドデザイン及び実行計画2023改訂版」を基に作成

2026年度までにデジタル人材330万人確保

デジタル化が進む中、デジタル人材不足が喫緊の課題になっている。スイスのIMDによる世界デジタル競争力ランキング(2022年)では日本は29位にとどまる。独立行政法人 情報処理推進機構の「DX白書2023」によると、約5割の企業はDX(デジタルトランスフォーメーション)人材が不足していると回答。政府は「ビジネスアーキテクト」「データサイエンティスト」「エンジニア・オペレーター」「サイバーセキュリティスペシャリスト」「UI/UXデザイナー」の5つをデジタル推進人材とし、24年度末までに年間約45万人を育成する体制を整備する。26年度までに累計230万人を育成し、現在100万人いるデジタル人材と合わせて330万人とする計画だ。

マナビDX:デジタルスキル習得に向けた講座を紹介するポータルサイト。経済産業省の審査基準を満たした講座を掲載している。デジタルテラシーを身に付ける講座の受講から始め、「DX推進スキル標準」に基づいた講座を選択・受講できる。

デジタル・DXを推進する人材の状況

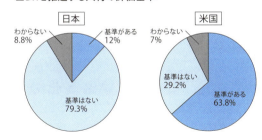

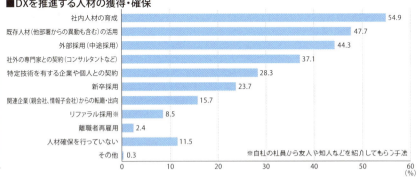

NEC	データサイエンティストや、サイバーセキュリティーなどのデジタル人材を、リスキリング等で25年度まで1万人（20年度の2倍）増やす	
三菱地所	三菱地所グループ全社員を対象にデジタル教育を実施	
旭化成	データ分析などの専門知識を業務に生かすデジタル人材を、社内でのリスキリングを通じて、24年度までに2500人（21年度の約5倍）増やす	
ヤマト運輸	データサイエンティストなどの育成を3年間で1000人を目標に、21年から社内教育「デジタルヤマトアカデミー」を開講	

出所：独立行政法人情報処理推進機構「DX白書2023」を基に作成

デジタル人材のスキルを標準化

大学や高等専門学校では、1学年あたり17万人が応用基礎レベルを習得、一定水準を満たした教育プログラムには「数理・データサイエンス・AI教育プログラム認定制度」で支援。社会人向けにはオンライン講座やデジタルスキルアップのための教育コンテンツを整備、公共職業訓練、求職者支援訓練、教育訓練給付においてデジタル分野を重点的に支援。DX人材育成に向けてリスキリングに取り組む企業も増えている。経済産業省は、「DXリテラシー標準」と「DX推進スキル標準」からなる「デジタルスキル標準」を制定。前者はDXに関わる全ての人材、後者はDXを推進する人材の、能力や役割、スキルなどを定めている。

AI（人工知能）研究者への支援策：政府はAI研究エキスパートを2025年に年2000人育成する目標を掲げ、24年度から経済的支援を始める。若手研究者50人に2000万円、博士後期課程の大学院生200人には600万円を支給。優秀な人材の海外流出を防ぐ狙いもある。

08 気候変動・気候危機

- 気候変動による悪影響は国際問題になっている
- 主な要因は温室効果ガスの排出による地球温暖化
- 脱炭素電源への転換や、温暖化の緩和策と適応策

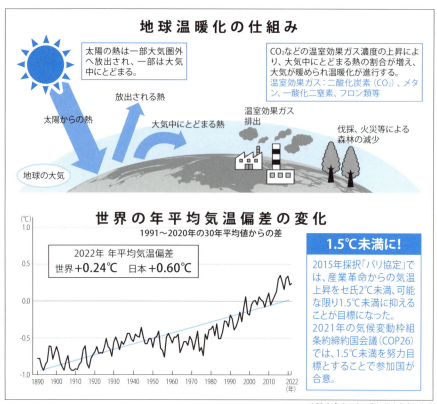

地球温暖化の仕組み

太陽の熱は一部大気圏外へ放出され、一部は大気中にとどまる。

CO_2などの温室効果ガス濃度の上昇により、大気中にとどまる熱の割合が増え、大気が暖められ温暖化が進行する。
温室効果ガス：二酸化炭素（CO_2）、メタン、一酸化二窒素、フロン類等

太陽からの熱　放出される熱　大気中にとどまる熱　温室効果ガス排出　伐採、火災等による森林の減少　地球の大気

世界の年平均気温偏差の変化
1991〜2020年の30年平均値からの差

2022年 年平均気温偏差
世界 +0.24℃　　日本 +0.60℃

1.5℃未満に！

2015年採択「パリ協定」では、産業革命からの気温上昇をセ氏2℃未満、可能な限り1.5℃未満に抑えることが目標になった。
2021年の気候変動枠組条約締約国会議（COP26）では、1.5℃未満を努力目標とすることで参加国が合意。

出所：気象庁のウェブサイトを参考に作成

気候変動は人類全体が抱える大問題

　地球の気候システムが大きく変動し、国境を越えて人々の安全を脅かす問題となっている。近年は、豪雨や熱波、それにともなう作物の被害などが身近なものになってきている。この気候変動の大きな要因とされているのが、温室効果ガスによる地球温暖化だ。
　2020年に本格始動した「パリ協定」では、先進国、開発途上国の全ての国が、産業革命前に比べ気温上昇を2℃未満、可能な限り1.5℃に抑えることに合意し、各国が脱炭素化などに取り組んでいる。
　IPCC（下記参照）が2023年3月に発表した「第6次統合報告書」によると、人間の活動によってすでに1.1℃温暖化し、今後10〜20年のうちに1.5℃に達する可能性があるという。

IPCC（国連の気候変動に関する政府間パネル）：気候変動の科学的分析や緩和策、社会や経済への影響など、地球温暖化に関する最新の研究成果をまとめて各国に示す国際組織。世界気象機関（WMO）と国連環境計画（UNEP）により設立された。

地球温暖化が引き起こす主な危機

▶干ばつ、水不足

輸送、物流にも影響

生活水、食料に影響
雨が少なくなると、深刻な水不足になり、農作物にも影響がある。IPCCの2022年2月発表の報告書によると、産業革命前に比べて気温が2℃上昇すると、最大30億人が水不足に。

- 2023年夏、水不足でパナマ運河の水位が低下、1日に通航できる船の数を制限、輸送に影響が出た。ドイツのライン川でも水位低下で輸送量が減少。
- 干ばつが続き、22年はスペインのオリーブの収穫量が半減、オリーブオイルの価格が高騰。

▶海水温上昇、雪氷の融解

地表の水没、氷河崩壊
地球全体に蓄積された熱エネルギーの9割を海が吸収し、海水温が上昇。氷床や氷河が溶け、さらに水温上昇により海水が膨張し、海面が上昇する。

- 米海洋大気局（NOAA）によると、2023年8月に世界の海面の約半分が、水温が高温となる海洋熱波の状態に。
- 日本の東北地方沖では、海洋熱波の頻度が増し、水温の低い海で泳ぐサケやマスが減少。漁獲量を落としている。

▶大雨、ゲリラ豪雨

水害、農作物被害
海水温が上がり、水蒸気が増えて台風や豪雨が頻発。

- 秋田県秋田市で2023年7月に記録的な大雨が降り、内水氾濫により725以上の住宅で床上浸水、376棟で床下浸水の被害を受けた。
- 北アフリカ・リビアで9月、大雨の影響でダムが決壊し洪水が発生。死者・行方不明者は合わせて1万人を超えている。

▶熱波

熱中症、熱射病
人工建造物や舗装道路が気温をより高め、熱中症や熱射病被害を拡大させる。

- 2023年7月に熱中症により救急搬送された人は、全国で3万6549人だったと総務省消防庁が発表。前年より9340人増で過去2番目の多さだった。

▶森林火災

二酸化炭素吸収源の減少
早い雪解けや、雨の不足などに伴う森林の乾燥により、火災多発。

- 米ハワイ州マウイ島で8月、山火事が市街地に広がり少なくとも115人が死亡した。
- カナダでは、2023年に入ってから8月上旬までに1300万ヘクタール以上の森林が火災で失われている。

緩和と適応の2本柱で対策

緩和：温室効果ガス排出量を実質ゼロにする
- 脱炭素（テーマ9参照）
- 省エネルギー
- 循環経済

適応：すでに起こっている気候変動リスクへの備え
- 治水・渇水対策
- 熱中症予防
- 農作物の高温障害対策

激しい気候変化に適応できず、絶滅の危機に瀕している生物種も
IUCN〈国際自然保護連合〉によると、絶滅危惧種は4万2100種以上になる。

出所：環境省「令和5年版 環境白書・循環型社会白書・生物多様性白書」、気象庁のウェブサイトなどを参考に作成

地球温暖化が進むにつれ、気候変動による自然災害は頻度が増し、規模も大きくなっている。そうした状況を反映して、環境省の「環境白書」においては、20年から「気候危機」という言葉を使っている。

異常気象を見越した対応を

気候変動には、「緩和」と「適応」の2本柱で対応。「緩和」は地球温暖化がこれ以上進まないようにする抑制策で、再生可能エネルギーの活用による脱炭素化や省エネルギーの促進など。「適応」はすでに影響を受けている気候変動リスクへの備えとして、異常気象による災害の防止・軽減、水資源の確保など。農業分野では、既存品種から気温上昇に合わせた亜熱帯・熱帯果樹等への転換の検討や、気候変動に対応した品種の開発を進めている。

関連キーワード

海水温の上昇：温暖化が水産資源や漁業にも影響している。海水温の上昇によりブリやサワラなどの分布域が北上したり、海水の酸性化により貝類の殻がもろくなって成長や繁殖が妨げられたりしている。海水の酸性化により海洋のCO_2吸収力の低下も指摘されている。

09 脱炭素とGX(グリーントランスフォーメーション)

- 日本は2050年までにカーボンニュートラル実現を宣言
- GXの加速に向けて「GX推進法」「GX電源法」が成立
- GXに必要な資源外交にも取り組む

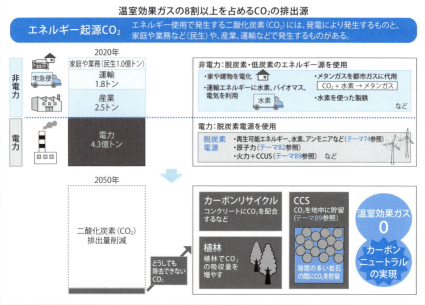

出所：資源エネルギー庁のウェブサイトを基に作成

2030年のCO₂排出は13年度比46%削減

　地球温暖化が引き起こす危機に対する、世界的な取り組みは、1992年に採択された気候変動枠組み条約で始まった。95年以降毎年、気候変動枠組み条約締約国会議（COP）が開かれている。パリ協定は、2015年末にパリで開かれたCOP21で採択された。日本では、20年10月に菅義偉前首相が50年に温室効果ガスの排出量を実質ゼロにするカーボンニュートラルを宣言。その後、30年の排出目標を13年度比46%減とし、さらに50%削減の高みを目指すとした。再生可能エネルギーなど脱炭素電源の活用や低炭素エネルギー源の使用でCO₂を削減するが、完全なゼロは難しく、植林やCO₂を大気中に排出させないCCSなどの取り組みを進めている。

カーボンプライシング：二酸化炭素（CO₂）の排出に課金し、企業や家庭の排出量削減を促す施策の1つ。排出量の上限（排出枠）を設け、排出量超過分や不足分を国同士や企業間で売買することを認める制度。各国で導入が進んでいる。

脱炭素で経済の成長・発展を図るGX（グリーントランスフォーメーション）

GXとは 技術革新による次世代エネルギーへの転換を通じて、温室効果ガス排出量増加などの環境問題を解決し、持続可能な社会を実現させる。同時に生まれる新しい市場、新しい技術を活用し、経済成長につなげる。

GX推進法

GX経済移行債の発行 20兆円
2023年度から10年間で、「GX経済移行債」を20兆円発行

官民投資150兆円
エネルギー・原材料の脱炭素化と収益が向上する技術開発・設備投資を支援

カーボンプライシング

脱炭素に対する賦課金導入
化石燃料の輸入業者などから負担金を徴収

排出量取引
発電事業者に対してCO₂排出枠を割り当てて購入を促す

GXへの投資

投資家

カーボンプライシングから投資家へ償還

GX経済移行債を購入 20兆円

↓ 企業の投資を後押し

官民投資150兆円

GX電源法

原発の運転期間の延長
「原則40年、最長60年」を60年超に延長

高経年化した原発の規制の厳格化
運転開始から30年を超える原発は10年以内ごとに審査

再生エネルギー導入のための事業規律強化
再エネ事業者の違反への対応を厳格化し、法令順守を徹底

円滑かつ着実な廃炉の推進
廃炉に向けて原子力事業者に対し、費用拠出を義務付け

脱炭素・GXでエネルギー安全保障に変化

世界が脱炭素、GXに向かう中で、今後需要が増える資源を確保するための資源外交も重要。また、同時に市場形成を進め、日本の産業競争力を確保。戦略的なルール形成や標準化が重要。

■資源外交のための分析対象国25カ国

化石燃料	新燃料	鉱物
石油・石炭・天然ガス、CCS適地	水素・アンモニア、CR燃料、バイオ等	銅、リチウム、ニッケル、コバルト、レアアース等
モザンビーク、パプアニューギニア	ー	コンゴ民主共和国、ザンビア、ペルー、マダガスカル
アラブ首長国連邦、オマーン、カタール、タイ		アルゼンチン、チリ、ナミビア、フィリピン、インド
米国、インドネシア、豪州、カナダ、サウジアラビア、ノルウェー、ブラジル、ベトナム、マレーシア、南アフリカ		

出所：資源エネルギー庁ウェブサイト、経済産業省「METI Journal」、環境省ウェブサイトを基に作成

GX推進に向け2つの法律が成立

GX推進に向けて、23年5月には「GX推進法」「GX電源法」が成立。GX推進法では、国債「GX経済移行債」20兆円の発行を決めた。投資家から資金を集め、再エネや水素などに政府が投資し技術開発や設備投資を刺激、10年間で官民150兆円の投資を促す。投資家への償還は、28年度からの化石燃料の輸入業者などに対する賦課金導入と、33年度からの発電事業者に対する排出量取引の課金を利用する。

GX電源法では、原発の運転期間延長などを盛り込み、原発活用を推進する。GXで必要となる資源確保に向け、資源国との関係構築も重要となり、政府は「GXを見据えた資源外交の指針」を策定した。

関連キーワード

GXリーグ：2050年のカーボンニュートラルに向けて二酸化炭素（CO₂）排出量削減目標を高く掲げる企業が参加する、経済産業省が主導する枠組み。参加企業間で脱炭素に関する市場創造や排出量取引などを行う。約600社が参画、23年4月に本格稼働した。

10 生成AI・ChatGPT

- ▶生成AIは画像、動画、音声、プログラムなどを作成可能
- ▶利用が進むと全世界で3億人の雇用がなくなる可能性も
- ▶生成物の悪用などに備え、ルール作りが急がれる

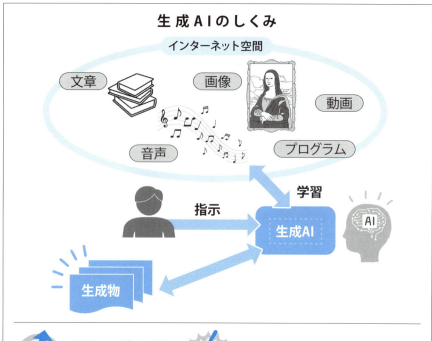

イラスト：PIXTA

2022年11月から爆発的普及

　生成AI（人工知能）は、インターネット上で膨大なデータを学習し、人の指示に従って新たな文章や画像、音声、プログラムなどを短時間で作成する。米新興企業オープンAIが2022年11月末、対話型人工知能(AI)「ChatGPT（チャットGPT）」を公開して以来、様々な分野での活用が急拡大中だ。

　すでに企業では生成AIを業務に活用する動きが始まっている。ソフトバンクは社内での文書作成や翻訳など、既存業務の効率化に生成AIを活用。みずほフィナンシャルグループは富士通と共同で生成AIを使ったシステム開発の実証実験を始めた。

　このように普及が進む一方、生成AIで作成されたフェイク画像や動画が問題を起こしてい

GPU（画像処理半導体）：米半導体大手のエヌビディアが1999年に発明した画像処理用の半導体。当初は画像処理に使われていたが、膨大なデータを処理する点が評価され、AIの学習用に使われるようになった。AI向けGPU市場ではエヌビディアがシェア8割。

AIで自動化が進む仕事と生成AIを巡る動き

■AIによって自動化されうる仕事の割合（米国）

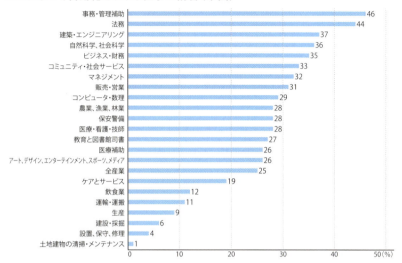

職種	割合（%）
事務・管理補助	46
法務	44
建築・エンジニアリング	37
自然科学、社会科学	36
ビジネス・財務	35
コミュニティ・社会サービス	33
マネジメント	32
販売・営業	31
コンピュータ・数理	29
農業、漁業、林業	28
保安警備	28
医療・看護・技師	28
教育と図書館司書	27
医療補助	26
アート、デザイン、エンターテインメント、スポーツ、メディア	26
全産業	25
ケアとサービス	19
飲食業	12
運輸・運搬	11
生産	9
建設・採掘	6
設置、保守、修理	4
土地建物の清掃・メンテナンス	1

■生成AIを巡る動き

▶対話型AIを公開、開発を発表した企業

2022年11月30日	オープンAIが対話型AI「ChatGPT」を公開。23年1月31日に登録ユーザー数は1億2300万人に
2023年3月16日	中国の百度（バイドゥ）が対話型AI「文心一言（アーニーボット）」を発表
3月21日	グーグルが対話型AI「Bard（バード）」の公開
4月11日	中国・アリババ集団傘下のアリババクラウドが対話型AI「通義千問」を開発
5月4日	マイクロソフトが対話型AIを搭載した検索エンジン「Bing（ビング）」を公開
7月12日	米起業家のイーロン・マスク氏が生成AIを開発する新会社「xAI（エックスエーアイ）」の設立を表明

▶日本の開発状況

2023年5月	サイバーエージェントが生成AIの基盤となる日本語「大規模言語モデル」を公開
2023年度中	NTTが企業向けに生成AIを開発、サービス開始予定
2024年～	富士通と東京工業大学がスーパーコンピューター「富岳」を使った独自の生成AIの開発を進める

▶生成AIのルール作り

2023年5月	主要7カ国首脳会議（G7広島サミット）でAIを巡る国際ルール作りを話し合う枠組み「広島AIプロセス」の立ち上げを表明
6月	欧州連合（EU）の欧州議会が包括的な人工知能（AI）規制案を採択

出所：（上図）米ゴールドマンサックス「The Potentially Large Effects of Artificial Intelligence on Economic Growth」より作成

る。23年5月、米国防総省近くで爆発が起きたというフェイク画像がインターネット上で拡散、ニューヨーク株式市場のダウ平均株価が100ドル以上も下落する騒動に発展した。生成AIを使ったサイバー犯罪への懸念も高まっている。

急がれるルール作り

主要7カ国首脳会議（G7広島サミット）では、AIを巡る国際ルール作りを話し合う枠組み「広島AIプロセス」が作られ、23年中に見解を取りまとめることを目指している。欧州連合（EU）では23年6月、欧州議会が世界初の包括的な人工知能（AI）規制案を採択。規制案には、AIが生み出した生成物にはその旨を明記することなどを盛り込んだ。今後、欧州委員会等で調整、年内の合意を目指す。

関連キーワード　**ハルシネーション（幻覚）**：生成AIが事実とは異なる内容をもっともらしく回答・生成する（嘘を出力する）ことをいう。「ChatGPT」などの生成AIが普及し、AIが嘘をつくことが分かり、注目されている。

第1章 重要テーマセレクト10　確認ドリル

カッコ内に入る言葉を答えよ。

1　ロシアがウクライナに侵攻した理由の一つは、欧米諸国によって結成された軍事同盟（　　　）にウクライナが加盟することを阻止するためである。

2　ロシアによるウクライナ侵攻によって分断が深まる世界で、欧州の結束を強める狙いでできた欧州44カ国以上で構成する新しい枠組みを（　　　）という。

3　北半球の南部と南半球に位置する新興国や途上国を指すグローバルサウスの国々の中で、リーダー的立場を取る、人口世界一となった国は（　　　）である。

4　特定重要物資の確保や基幹インフラの安定確保などを目的に、2022年5月に成立した法律は（　　　）法である。

5　新型コロナウイルスの感染対策の遅れなどの反省から、新しい感染症が大流行した際の対策の司令塔の役割を担う（　　　）が2023年9月に発足した。

6　岸田文雄首相は日本の少子高齢社会に対して「異次元の少子化対策」を打ち出している。2022年の合計特殊出生率は（　　　）である。

7　日本のデジタル人材不足が深刻だ。政府は2026年までに（　　　）人のデジタル人材の育成を目指している。

8　2016年に発効した、産業革命からの気温上昇を2℃未満、できる限り1.5℃未満に抑えることを目標にした国際的枠組みを（　　　）という。

9　温室効果ガス排出量を減らすために太陽光などのクリーンエネルギーに転換することを経済成長の機会と捉え、経済社会システムを変革することを（　　　）という。

10　生成AIが事実とは異なる内容をもっともらしく回答・生成する（嘘を出力する）ことを（　　　）という。

【解答】　1. NATO（北大西洋条約機構）　2. 欧州政治共同体（EPC）　3. インド 4. 経済安全保障推進　5. 内閣感染症危機管理統括庁　6. 1.26　7. 230万　8. パリ協定
9. GX（グリーントランスフォーメーション）　10. ハルシネーション（幻覚）

第 2 章

国際社会・経済

ロシアのウクライナ侵攻や核開発など、
国際社会が不安定な状況だ。
グローバル化する社会で、今、何が起きているのか、
またその背景を理解することは重要だ。

11 サミット（主要国首脳会議）

- ▶ 主要国の首脳が国際政治・経済を話し合う会議
- ▶ G7に新興国を加えたG20の重要性が高まっている
- ▶ 2023年G7サミットは広島で開催

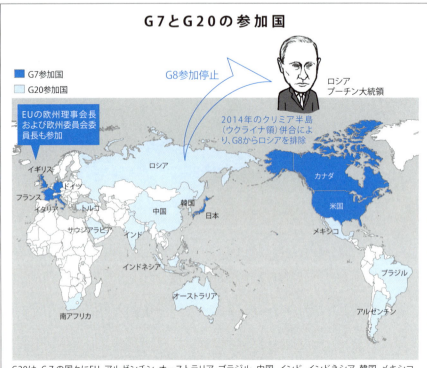

G20は、G7の国々にEU、アルゼンチン、オーストラリア、ブラジル、中国、インド、インドネシア、韓国、メキシコ、ロシア、サウジアラビア、南アフリカ、トルコを加えた20の国・地域のこと。

世界的課題を話し合う会合

サミットは「頂上」という意味で、世界をリードする主要国のトップが集まることからそう呼ばれる。1975年にオイルショック（石油危機）などの問題を話し合うために開催されたのが1回目。現在のG7のサミットでは、国際的な安全保障の問題や世界経済を中心に、気候変動といった環境問題など、世界全体に関わる問題を話し合う。

近年は新興国の影響が大きくなり、2008年にG20が創設された。一方で、G7の求心力は弱まっている。14年に、ロシアが強引にクリミア半島を併合した制裁として、残り7カ国がロシアの参加停止を決定。「G8崩壊」と呼ばれたが、ロシアは中国など力のある新興国に接近し、G7以外でまとまろうとしている。

主要7カ国（G7）財務大臣・中央銀行総裁会議：G7の財務大臣と中央銀行総裁のほか、欧州中央銀行（ECB）や、世界銀行、国際通貨基金（IMF）など国際金融機関の代表が参加し、国際金融システムなど、世界の経済安定に向けた議論を行う。G20、G10などもある。

主要国7カ国首脳会議（G7広島サミット）の概要

G7広島サミットで話し合われた重要課題（一部抜粋）

法の支配に基づく国際秩序の堅持　　グローバルサウスへの関与強化

インド太平洋
「自由で開かれたインド太平洋」の重要性を改めて表明。ASEAN（東南アジア諸国連合）や太平洋島しょ国との連携強化。

ウクライナ
「ウクライナに関するG7首脳声明」を発出し、支援を強化。

核軍縮・不拡散
「核軍縮に関するG7首脳広島ビジョン」と共に、核兵器のない世界の実現に向けたコミットメントを表明。

経済的強靭性・経済安全保障
「経済的強靭性及び経済安全保障に関するG7首脳声明」を採択。重要鉱物に関して、市場の混乱等に対し、共同で対処する方法を検討。

気候変動、エネルギー
2050年ネット・ゼロ目標に向けて、エネルギー安全保障、気候危機及び地政学的リスクを一体的に捉える。気候変動に脆弱な国や人々の支援について認識を共有。

食料
食料不安の国々への人道支援をはじめ、食料安全保障の危機への対応に協働する。

保健
パンデミックや薬剤耐性等への対応のための研究開発促進など、ヘルスイノベーションを一層推進する。

核軍縮に関するG7首脳広島ビジョン

核軍縮に焦点を当てた初のG7（主要7カ国）首脳文書。
「核兵器不拡散条約（NPT）は、国際的な核不拡散体制の礎石であり、核軍縮及び原子力の平和的利用を追求するための基礎として堅持されなければならない」として、核軍縮を進め、「核兵器のない世界という究極の目標」を再確認した。

- ロシアのウクライナ侵攻において、核兵器使用による威嚇、いかなる使用も許されない。
- 中国による透明性や有意義な対話を欠いた核戦力の増強を懸念。
- 北朝鮮に対し、核実験や弾道ミサイル技術を使用する発射の自制を求める。

■G7広島サミット招待国

オーストラリア	ブラジル	コモロ（アフリカ連合〈AU〉議長国）	ゲスト国
クック諸島（太平洋諸島フォーラム〈PIF〉議長国）		インドネシア（ASEAN議長国）	ウクライナ
インド（G20議長国）	韓国	ベトナム	ウォロディミル・ゼレンスキー大統領

出所：外務省のウェブサイトなどを参考に作成

世界のリーダーが被爆の実相に触れる

　23年5月に日本でのG7広島サミットが開かれた。広島市の平和記念公園で参加国の首脳を岸田首相夫妻が出迎えた。平和記念資料館にも訪問、また、被爆爆者との対話なども行われ、世界のリーダーが被爆の実相に触れる機会となった。核軍縮に焦点を当てた初のG7（主要7カ国）首脳文書を世界に発信した。オンライン参加と思われていたウクライナのゼレンスキー大統領も広島を訪れ、招待国として出席したインドのモディ首相など各国の首脳と会談を行った。

　次回の議長国はイタリアで、24年6月に南部プーリア州で開催予定。G20サミットは23年9月にインドで開かれ、ウクライナ問題などが話し合われた。

ウクライナへの新たな支援：広島サミット開催時に日ウクライナ首脳会談も行われ、ウクライナへの新たな支援について話し合われた。100台規模のトラック等の自衛隊車両や約3万食の非常用糧食の提供、ウクライナ負傷兵の自衛隊中央病院受け入れなどが決まった。

12 ウクライナ情勢

- ロシアとウクライナは戦闘継続
- 欧米はウクライナに戦車や戦闘機を供与
- プーチン大統領に国際刑事裁判所が逮捕状

ウクライナ情勢のこれまでの経緯

年	月	出来事
1991		ウクライナがソ連から独立
2004		大統領選挙で親ロシア派のヤヌコビッチ首相が親欧米派のユーシェンコ氏を制する ユーシェンコ支持者が政権側の選挙に対する不正を理由に大規模な抗議運動を展開
2005		再投票でユーシェンコ氏が大統領に就任 ← オレンジ革命 その後、民主化が進展するも首相交代が相次ぎ、内政が混乱
2014	2	10年に発足したヤヌコビッチ政権に対し親欧米派などによる反政府集会やデモが起こり、治安部隊と大規模衝突。ヤヌコビッチ氏はロシアに逃亡、親欧米派の野党が暫定政権を樹立 親欧米派の政権発足に対し、東部と南部で親ロシア派の抗議運動が拡大、 ← マイダン革命 ロシア系住民が6割を占めるクリミアは分離運動に発展
	3	ロシアが軍事介入。クリミアを「クリミア共和国」としてロシアに編入 ウクライナ東部で親ロシア派武装勢力とウクライナ政府軍との武力衝突が激化。 東部2州は、親ロシア派武装勢力がドネツク人民共和国（ドネツク州）、 ルガンスク人民共和国（ルガンスク州）として独立を宣言
2015	2	ウクライナ政府と親ロシア派が停戦を柱とする和平で合意 ← ミンスク停戦合意
2019	5	ゼレンスキー氏が大統領就任。NATO（北大西洋条約機構）加盟を公約
2021	10	ウクライナ政府が東部2州を攻撃 ロシアがウクライナ国境に10万人規模の部隊を配備
	12	ロシアが米国にNATO東方不拡大を含む条約を提案、 22年1月に米国がこれを拒否	← ロシアのウクライナ侵攻理由はNATOの脅威とウクライナ政府によるロシア系住民虐待からの保護
2022	2	ロシアのプーチン大統領がウクライナ東部2州の独立を承認 24日にウクライナに侵攻、全土を攻撃
	3	ロシアが南部の州都ヘルソンを制圧、ザポロジエ原発占拠 ロシアが首都キーウや第2の都市ハリコフをミサイルなどで攻撃
	4	ウクライナがロシアからキーウ州を全域奪還
	5	ロシアがマリウポリ制圧を宣言
	7	ロシアがウクライナ東部ルガンスク州全域を制圧したと宣言
	9	ウクライナがハリコフ州ほぼ全域を奪還。ロシアがウクライナ東・南部4州の併合を宣言

ウクライナ国内に親ロシア派と親欧米派

　ウクライナは欧州とロシアの間にあり、領土を巡って親欧米派と親ロシア派がたびたび対立。ポーランドやオーストリアの支配を受けた西部や中部は欧米を重視する傾向があり、ロシア系住民が多く長い間ロシアの勢力下にあった東部や南部はロシアとの結び付きが強い。ロシアは、2014年にウクライナからの分離運動を起こしたクリミアを支援し、ロシアに編入。22年2月には、ウクライナ政府と対立し続けてきた東部2州を独立国として承認、22年9月に併合した。

　ロシアは、西側との緩衝地帯であるウクライナへの影響力の保持とNATOの東方拡大阻止に向けた侵攻だったが、侵攻後にNATO加盟国は31カ国に拡大。ウクライナをはじめ旧ソ

ワグネル：ロシアの民間軍事会社。様々な戦闘地で活動。ウクライナには数万の戦闘員を派遣していると見られる。2023年6月にロシアで武装蜂起したが、わずか1日で終結。23年8月に代表のプリゴジン氏が搭乗していた自家用ジェット機が墜落し、死亡した。

出口の見えない戦闘が続く

年	月	出来事
2022	10	ロシアが併合したクリミア半島とロシア本土を結ぶクリミア橋が8日に爆発 ロシアはウクライナの犯行と断定し10日にウクライナ全土にミサイル攻撃
	11	ウクライナ軍が、ロシアが併合を宣言した南部ヘルソン州を奪還
2023	1	米国とドイツがウクライナへの戦車供与を決定。欧米の供与数は140両を超える見通し
	3	ウクライナの子どもの連れ去りに関与したとして、プーチン大統領に国際刑事裁判所（ICC）から逮捕状が出る（プーチン大統領に逮捕状） 反転攻勢に向けて、ドイツ製主力戦車「レオパルト2」など、欧米の兵器がウクライナに届く
	5	ロシアが、クレムリンへのドローン攻撃があったことを発表し、ウクライナの攻撃と主張。ウクライナは否定 米国が欧州の同盟国によるウクライナ軍へのF16戦闘機の供与を容認 ウクライナ、大規模な反転攻勢開始を表明。ロシアは東部ドネツク州バフムトを制圧したと主張
	6	南部ヘルソン州カホフカ水力発電所のダムが爆発で決壊。ロシア、ウクライナ双方が相手の責任と主張 プーチン大統領、ベラルーシへの戦術核兵器配備 ロシアで民間軍事会社ワグネルが反乱。モスクワへ向かうもわずか1日で収束
	8	ウクライナのドローン（小型無人機）が、ロシア各地を攻撃（ウクライナは人命を守るためにもドローン（小型無人機）での攻撃を重視。） 侵攻開始以来の大規模な攻撃で、ロシアの大型輸送機4機などが損害を受けた

ロシアの脅威「NATO」の東方拡大

ロシアは国境を接する国々などの加盟によるNATOの東方拡大に反発。しかし、ウクライナに侵攻後、スウェーデンとフィンランドがNATOに加盟申請し、23年4月にフィンランドが正式加盟した。

ウクライナはロシアにとっての緩衝地帯

クリミア半島 2014年3月ロシアがクリミアを編入

旧ソ連から独立した3カ国はEU加盟を申請
2022年6月、ウクライナとモルドバがEU（欧州連合）の加盟候補国として承認された。同時期に申請したジョージアは、いくつかの問題点をクリアした時点で加盟候補国となる。

NATO（北大西洋条約機構）加盟国 ■の国＋米国、カナダの31カ国

NATO：1949年に締結。米国とカナダ、欧州諸国によって結成された軍事同盟。当初はソ連中心の共産圏（東側陣営）に対抗する西側陣営の同盟だった。加盟国をNATO全体で防衛する。

連から独立したモルドバ、ジョージアはEU（欧州連合）加盟を申請した。

プーチン大統領の外国訪問に障壁

ロシア軍は、戦闘のみならずウクライナの支配地域で残虐な行為も繰り返している。23年3月には、国際刑事裁判所（ICC／本部オランダ・ハーグ）が、ウクライナの子ども連れ去りに関与しているとして、プーチン大統領に逮捕状を出した。ロシアはICCに加盟していないため実効性はないが、加盟国訪問時に逮捕される可能性がある。加盟国の南アフリカで23年8月に開催したBRICS首脳会議には、プーチン大統領はオンラインで参加した。

出口の見えない状況は続いているが、日欧米は結束してウクライナを支援していく姿勢だ。

関連キーワード　**フョードロフ副首相兼デジタル転換相**：世界のIT技術者などに呼びかけ、IT軍やインターネット部隊などを組織、デジタルを活用した戦術の指揮を執るウクライナの大臣。ドローン（小型無人機）の効果的活用などを探り、技術力を駆使してロシアに対抗する。

13 世界の政治情勢

▶日本と韓国や、英国とフランスの関係が改善、イランとサウジアラビアの国交正常化など協調の動き
▶インドネシアは2024年から首都移転を開始

ヨーロッパ、北米、アフリカの情勢

米国
24年11月に大統領選
24年11月の大統領選に向け、22年11月に上院の3分の1、下院は全ての議席を改選する中間選挙が行われた。上院はバイデン大統領を擁する民主党が、下院は共和党が多数派を占めた。
政治・経済の分野において中国とのデカップリングを進めている一方で、22年の米中の貿易額は過去最高を更新した。

バイデン大統領

英国
EU、フランスとの関係改善
22年10月、保守党の党首リシ・スナク氏が首相に就任した。
23年3月には約5年ぶりに英仏サミットを開催。EU離脱交渉などで対立していたフランスとの関係改善を進め、ウクライナ支援でも協力。EU離脱に伴い煩雑化した英領北アイルランドと英国本土との通商ルールも、EUとの再交渉により緩和、EUとの関係も修復に向かう。

スナク首相

スーダン
激しい戦闘が続く
民政移管の協議が進む中、23年4月にスーダン国軍と民兵組織「即応支援部隊（RSF）」の統合を巡って双方が対立、戦闘に。国連によると同年7月時点で国内外への避難民は300万人超。

イタリア
移民急増に非常事態宣言
22年9月の総選挙で第1党となった極右「イタリアの同胞」の党首ジョルジャ・メローニ氏が同年10月に、イタリア初の女性首相に就任した。
イタリアは移民急増に対して、23年4月に非常事態を宣言、EUや周辺国に協力を仰いでいる。

EU　ユーロ圏拡大、デジタル単一市場も進める
法定通貨クーナだったクロアチアが23年1月にEU単一通貨ユーロを導入。EU27カ国のうちユーロ圏は20カ国に。EUはデジタル単一市場戦略も進めており、18年5月に施行された域内における個人情報保護ルールを強化した「GDPR（一般データ保護規則）」に続き、23年5月には、GAFAMなどの巨大IT企業による市場寡占を事前に規制する「DMA（デジタル市場法）」と違法コンテンツの削除などの対応を義務付けた「DSA（デジタルサービス法）」が施行された。EUはウクライナ支援では、結束を固める。

移民・難民が急増
食料難や物価上昇などを背景に、アフリカなどからの移民・難民が欧州に急増。EUでは滞在資格のない移民は送還するなどを検討している。

EU域内に難民が急増

ロシアのウクライナ侵攻に世界の目が向いているが、各国それぞれ課題を抱えている。EU（欧州連合）には、食料難や物価上昇が深刻になっているアフリカなどからの移民・難民が急増し、対応に苦慮している。国連難民高等弁務官事務所（UNHCR）によると、23年1〜4月の4カ月で北アフリカからイタリアに到着した移民・難民は約4万2000人で、前年同期の3.9倍という数だ。同年4月にはジョルジャ・メローニ首相が、移民の急増に対して非常事態宣言を発出した。難民申請が22年の約4万6000件から23年上半期だけで7万件超に膨らんだオランダでは、難民抑制政策を巡って与党内で意見が対立、ルッテ首相が内閣総辞職した。フランスでは、23年6月にアルジェ

関連キーワード

チャールズ国王の戴冠式：英国のエリザベス女王が22年9月に亡くなり、同月チャールズ国王が即位。戴冠式は23年5月にロンドンのウェストミンスター寺院で行われた。英国王は英連邦56カ国の長であり、英国をはじめカナダ、豪州など15カ国の元首でもある。

アジア、中東情勢

インド
人口世界一、GDP世界5位に
モディ首相
23年4月、国連が23年中にインドの人口が14億2860万人となり、人口世界一となる予測を発表。22年の名目GDPは、旧宗主国の英国を超えて世界第5位となった。

中国
習近平国家主席3期目に
習近平 国家主席
23年3月、全国人民代表大会で習近平国家主席が再選され3期続投となった。23年1月まで続いた新型コロナを完全に封じ込めるゼロコロナ政策などが響き、経済が停滞しているが、貧富の格差を是正する「共同富裕（共に豊かになる）」の方針を掲げ、労働者の農村部から都市部への移動などを促進している。

アフガニスタン
タリバン政権復活から2年
イスラム原理主義組織タリバン政権復活から、23年8月で2年。国際的な経済制裁が続き、経済は悪化の一途をたどっている。食料不足が続き、「国連世界食糧計画（WFP）」が、緊急支援を呼び掛けている。

ミャンマー
国軍と民主派との武力衝突続く
21年1月に国軍によるクーデターが発生、アウン・サン・スー・チー国家最高顧問率いる国民民主連盟（NLD）の幹部を拘束し、国軍総司令官が暫定的に首相に就任。民主派との武力衝突が続いている。

韓国
日韓関係が改善
尹錫悦（ユン・ソンニョル）大統領
日米と安全保障協力を強化。前政権時に破棄となった日韓の安全保障に関する情報を共有・保護する「GSOMIA（軍事情報包括保護協定）」も正常化した。

イラン、サウジアラビア
国交正常化
2015年に不安定となったイエメンの軍事作戦に関与していたサウジアラビアと、その関与について非難するイランとが、16年から断交していた。23年3月に、中国を介して国交正常化に合意。

インドネシア　24年から首都移転を開始
中国の広域経済圏構想「一帯一路」のプロジェクトとして、23年10月に東南アジア初の高速鉄道の運行を開始する。首都ジャカルタ（ジャワ島）と西ジャワ州のバンドンを結ぶ。23年8月の年次教書演説では、ジョコ・ウィドド大統領が、10年間で1人当たりの所得を倍増させると話した。需要が増加している戦略資源の輸出を禁止し、国内へ外資を呼び込む。2024年から首都機能をジャカルタからカリマンタン島のヌサンタラに順次移転、移転完了は45年の予定。

リア系の少年が検問中の警察官に従わず射殺された問題で、抗議運動・暴動が全国に広がった。警察の対応、移民政策などに対し極右「国民連合」から政権への批判が出た。

成長著しいアジアの国々

アジアでは、2023年にインドが人口世界一、GDPは世界5位に。7月に打ち上げた月探査機が月の南極への着陸にも成功し、大国へと発展していることを世界に印象付けた。経済成長が続くインドネシアでは、首都の移転計画を進めている。バリ島には、米パラマウント・ピクチャーズが東南アジア最大級のテーマパークを建設すると発表している。

日韓関係の改善、イランとサウジアラビアの国交正常化、EUを離脱した英国とEUの関係改善などのニュースも注目された。

関連キーワード　**難民と移民**：難民は民族、宗教、政治的意見の違いなどの理由で、祖国では迫害される恐れがあるため他国に逃れた人。移民は、祖国にいても迫害されるわけではないが、貧困から抜け出してより豊かな生活をしたい、などといった理由で祖国を離れた人。

14 中国の覇権主義

★★

- ▶中国が南シナ海の南沙諸島を埋め立て、人工島を建設
- ▶「一帯一路」でインフラ投資、「親中」の拡大を図る
- ▶中国政府が南シナ海や係争地域を自国の領土とした地図を公表

1946年
中国が接収、51年に領有権を主張

1969年
天然資源をめぐり各国と対立激化

1974年、1988年
74年に西沙諸島、88年に南沙諸島の領有権をめぐりベトナムと争い、ともに中国が実効支配

1995年
南沙諸島ミスチーフ礁に建造物をつくり、フィリピンと対立

2016年
国際紛争を解決する常設仲裁裁判所は、南シナ海での中国の管轄権を認めず

2018年、2020年
18年に7つの人工島を完成。20年に2諸島に新行政区の設置を発表

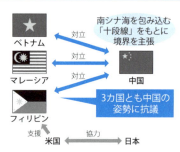

太平洋の島は中国との関係強化

中国とソロモン諸島が安全保障協定締結
ソロモン諸島は2019年に台湾と断交し、中国と国交を樹立。22年4月には、中国と安全保障協定を締結した。太平洋の島しょ国における中国の影響力増大の懸念が高まる

出所:防衛省のウェブサイトなどを参考に作成

中国の海洋進出

中国が世界各地で勢力を強める動きをしている。中国政府は、2023年8月に新しい地図を公表。ベトナム、マレーシア、フィリピンなどが領有権を主張している南シナ海のほぼ全域を自国の領土・領海として記し、領有権を主張するために引いた独自の「九段線」を、台湾東部にまで拡大し「十段線」とした。中国とインドの国境などの係争地域も、自国領と記し、関係する各国の反発を招いている。中国は南シナ海の西沙諸島、南沙諸島に行政区「西沙区」「南沙区」を設置、西沙諸島には軍事拠点を整備して実効支配。南シナ海は重要な海上輸送路で、地下資源が豊富なことから、周辺諸国との対立が続いている。

22年4月にはソロモン諸島と安全保障協定

国連海洋法条約:1982年採択。94年発効。領海や海峡、排他的経済水域、公海などが規定されている。隣国で排他的経済水域が重なったときは、双方の合意によって範囲を定めることになっているが、南シナ海問題のように調整が進んでいないケースもある。

一帯一路とAIIB

日米はアジア・太平洋地域の発展を支援するアジア開発銀行(ADB)を主導する。

一帯一路構想を実現するため、中国がAIIBを主導し、強い影響力を持つ国際金融機関にしたい

中国 習近平国家主席

一帯一路…かつて中国と欧州を結んでいた2つの交易路のこと。「一帯」が陸のシルクロード、「一路」が海のシルクロードを表す。これを現代に再現し、より大きな市場をつくろうとしている

陸のシルクロード ＝ 一帯
一路 ＝ 海のシルクロード

アジアインフラ投資銀行 AIIB
世界銀行やアジア開発銀行では満たせないアジアへのインフラ投資を目的とした国際金融機関。「一帯一路」計画を金融面から支えている。資本金の出資比率約30％を持つ中国が主導、議決に対する拒否権も持つ

一帯一路　参加国の例

中国・パキスタン経済回廊(CPEC)
パキスタン西部の発電所建設や港湾の整備など、大規模インフラ整備事業。

中国・ミャンマー経済回廊(CMEC)
中国西南部からミャンマー西部のインド洋沿岸部までを結ぶ鉄道や高速道路の敷設。

イタリア
G7メンバーで唯一、一帯一路に協力する覚書を中国と交わしているが離脱する方針だ。

を締結した。中南米の国との外交にも注力し、23年3月にホンジュラスが台湾と断交し中国と国交を結んだ。24年1月に大統領に就任するグアテマラのベルナルド・アレバロ氏は中国を重視している。

| 中国が主導する一帯一路

中国は13年に広域経済圏構想「一帯一路」を提唱。中国と欧州を結ぶ陸路「一帯」と、海路「一路」からなり、そのルート上にある国々の港湾や鉄道などを整備することによって、中国が主導する巨大経済圏を実現する狙いがある。その資金は中国の国有銀行や、中国政府が一帯一路のために設立した「シルクロード基金」、アジアインフラ投資銀行（AIIB）などから主に調達されている。AIIBの加盟国は100を超えるが、米国と日本は未加盟である。

関連キーワード　**運営権の譲渡**：中国の融資で整備されたスリランカのハンバントタ港は、スリランカ政府が返済困難のため運営権を2017年7月から99年間中国に譲渡。また、中国国有企業がギリシャ最大の港・ピレウス港の経営権を取得するなど、一帯一路による中国の影響力が強まっている。

15 国際連合

- 国際平和と安全の維持を目指す国際組織
- 第二次大戦時の国際連盟の反省を踏まえて発足した
- 国連総会のほか、安全保障理事会などの機関がある

安全保障理事会

平和と安全の維持を目的とした組織。加盟国は、総会の決議には従う義務はないが、安保理の決定には従う義務があるなど、特に強い権限を持つ。

常任理事国（5カ国）

恒久的な地位を持つ5カ国。安保理の議案に対する拒否権がある。1カ国でも反対したら、議案は成立しない。

| 米国 | 英国 | フランス | ロシア | 中国 |

非常任理事国（10カ国）

任期は2年。全加盟国の秘密投票で選出される。毎年半数が改選される。アジア2カ国、アフリカ3カ国、ラテンアメリカ2カ国、東欧1カ国、西欧その他2カ国から選ばれる。

アラブ首長国連邦※　日本　ガボン※　モザンビーク　ガーナ※

アジア　　　　　　　　　　　　アフリカ

エクアドル　ブラジル※　アルバニア※　マルタ　スイス

ラテンアメリカ　　東欧　　　西欧

※の付いている国の任期は2023年末まで。24年1月から、韓国、アルジェリア、シエラレオネ、ガイアナ、スロベニアが加わる。

世界平和を維持する国際組織

国際連合は、かつて国際連盟が第二次世界大戦を防げなかったことの反省からスタートした。1945年10月に51カ国で設立。日本は56年に加盟した。加盟国数は、2011年の南スーダン加盟で193カ国になった。

国連は国連総会を中心として、安全保障理事会（安保理）や国際司法裁判所のほか、目的に応じた専門機関などからなる。総会は、全加盟国が1国1票の投票権を持ち、国連の活動範囲すべての議題について討議する。日本は23年から2年間、安保理非常任理事国を務める。

国連の果たす役割

国連の最大の役割は、安保理による平和と安全の維持だ。他国への侵略など世界平和を

拒否権：安全保障理事会の常任理事国が有する、1国でも反対すれば決議の承認を拒否できる権利。このように常任理事国は大きな力を持つため、常任理事国の拡大を求める声がある。日本も、ドイツ・ブラジル・インドとともに、常任理事国入りを目指している。

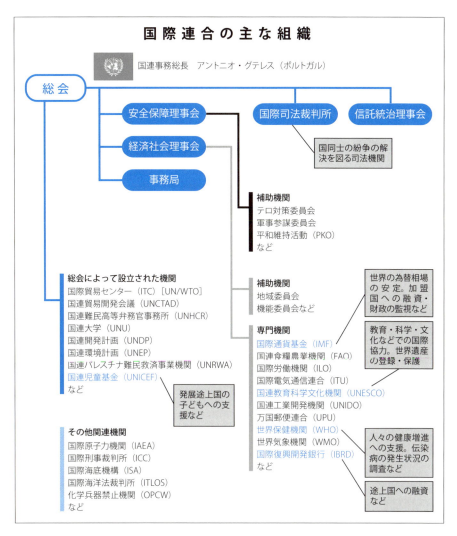

脅かす国に対して、経済封鎖や軍事的措置などを決議する。紛争が収まった後も国連平和維持活動（PKO）によって、停戦協定、選挙の監視、復興支援なども行っている。しかし、安保理の常任理事国であるロシアが、ウクライナに侵攻。緊急特別会合で即時撤退が採決されるも、法的拘束力がなく実現していない。23年8月の安保理では、北朝鮮による自国民の弾圧などについて50カ国以上が非難声明を出したが、理事国の中国やロシア、ブラジルなど7カ国は共同声明に加わっていない。

また、経済、文化、環境、人権など、様々な分野で人々の生活の向上を目指すことも国連の大きな役割だ。これらは、世界保健機関（WHO）や国際通貨基金（IMF）などの専門機関を通じて行われる。

 関連キーワード

日米韓首脳会談：2023年8月に米国でバイデン大統領、岸田首相、韓国の尹錫悦（ユン・ソンニョル）大統領が、首脳会談を開き防衛面などでの協力を深めると発表。24年から国連の安保理に日米韓が揃うことから、北朝鮮を念頭に国連での連携を強化していく。

16 核軍縮

★★

- 冷戦時代の軍拡の反省から、核軍縮へ
- ロシアがベラルーシに戦術核兵器を配備
- 核についての条約に加盟していない国の核開発も問題に

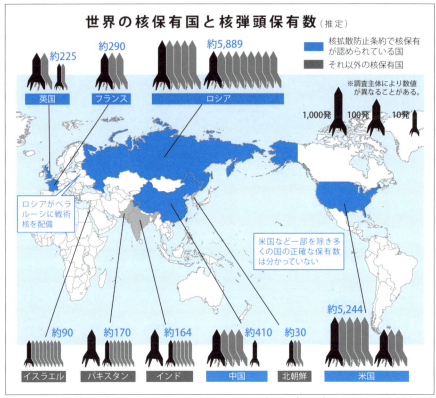

出所：ストックホルム国際平和研究所（Stockholm International Peace Research Institute）のウェブサイト（https://www.sipri.org/）を参考に作成

核軍縮の一方で、新たな核開発を行う国も

米国とロシア（当時のソビエト連邦）は、冷戦の中で核開発競争を進めていた。米ソが直接衝突することはなかったが、核戦争が起こるのではないかという危機感から、核軍縮へ転換する流れが生まれ、核開発や原子力に関する国際機関や条約がつくられた。

核軍縮の基本ルールとなっているのが、米・英・仏・中・ロの5カ国以外の核保有を禁止する「核拡散防止条約（NPT）」だが、限られた国のみに核保有が許されていることに反発する国もある。インドやパキスタンなどは条約に加盟せず、独自に核を持ち問題になっている。また、ロシアはウクライナとの戦闘に核兵器の使用を示唆している。

2023年5月のG7広島サミットでは、核軍

冷戦：「冷たい戦争」のこと。第二次大戦後、ソ連を中心とする社会主義陣営と米国を中心とする自由主義陣営が対立した。核開発・軍備拡大競争が過熱化し、1962年のキューバ危機では核戦争の勃発も危ぶまれた。91年、ソ連の崩壊によって冷戦は終結した。

核についての条約

核拡散防止条約（NPT）

発効：1970年（日本は1976年に加盟）
目的：核兵器の保有国を増やさないこと
加盟国数：191の国と地域

- 核保有国を米英仏中ロだけとする。
- インド、パキスタン、南スーダン、イスラエルは条約に加盟していない
- 非核保有加盟国は核保有国の核削減の停滞を非難

中距離核戦力（INF）廃棄条約

- 中・短距離ミサイルの開発や保有を禁止。米国と旧ソ連が1987年に締結、19年8月失効

包括的核実験禁止条約（CTBT）

あらゆる場所での核実験を禁止

部分的核実験禁止条約（PTBT）

地下以外での核実験を禁止

核兵器禁止条約

- 核兵器の開発や保有、使用などを禁止
- 米国、中国、ロシアなど核兵器保有国のほか、米国の「核の傘」の下にある日本、NATO（北大西洋条約機構）諸国は不参加

イラン（NPT加盟国）の核開発問題

2002年	イランの核濃縮計画が発覚。国際社会から非難され中止
2005年	強硬派のアフマディネジャド大統領が就任し開発を再開

イランは原発や医療のための核は必要と主張

2013年	穏健派のロウハニ大統領が就任し 国際社会と核縮小の交渉
2015年	最終合意

イランと米英独仏中ロ6カ国の「枠組み合意」の骨子
- 現在約10トンある低濃縮ウランを15年間で、300キロに減らす
- 遠心分離器を約1万9千基から6104基に減らす
- 最低15年間、核兵器製造に使える高濃縮ウランを製造しない など

2018年	米国（トランプ前大統領）がイラン核合意から離脱
2019年	イランは核合意の上限を超えウラン濃縮度アップ
2021年	米国（バイデン大統領）がEUを仲介に 核合意の再建交渉を開始するも進まず。 23年6月オマーンを仲介に協議

ライシ大統領

「核兵器用核分裂性物質生産禁止条約（FMCT）」の友好国会合開催

ヒロシマ・アクション・プラン

岸田文雄首相

岸田首相は、核兵器用の高濃縮ウラン、プルトニウム等の生産禁止により、核兵器の増加を抑制することを目指す「FMCT（通称カットオフ条約）」の発効に向けた交渉の開始を友好国に呼びかけた。

縮の共同文書「広島ビジョン」を発出し、ロシアの核に対する姿勢も非難した。しかしその翌6月にロシアは、ベラルーシに戦術核兵器の配備を開始。管理はロシアが行う。隣国ポーランドのモラウィエツキ首相は、米国の核兵器をNATO（北大西洋条約機構）加盟国内に配備し、有事に共同で運用する「核共有」に参加したい意向を示した。

米国とイランの核合意の再建進まず

2015年、イランの核開発活動を長期間にわたり制限するイラン核協議が合意に至った。しかし、18年にトランプ米前政権が離脱し、イランへの経済制裁を再開。イランもウランを濃縮するなどして対抗した。21年からバイデン米大統領が核合意の再建を進めているが協議は進んでいない。

関連キーワード　**新戦略兵器削減条約（新START）**：2011年に米国とロシアの間で発効した核軍縮条約。核弾頭やその運搬手段である大陸間弾道ミサイル（ICBM）、戦略爆撃機などの配備数を定めている。2023年2月にロシアが一方的に条約の履行停止を発表した。

17 主要国のエネルギー事情

- 世界のエネルギーは化石燃料が主役
- 再生可能エネルギーは安定供給に課題、原発新設も
- CO_2 の排出低減だけでなく、CO_2 を回収する技術も開発

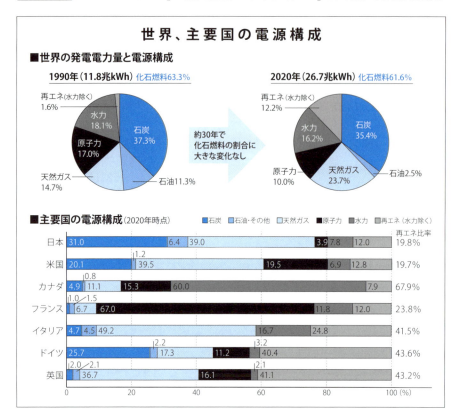

世界の電源構成は化石燃料が6割

経済や技術の発展などで世界の電力消費は年々増加。1990年は11.8兆kWhだったが、2020年には2倍の26.7兆kWhにまで増えている。電源構成を見ると、石炭、石油、天然ガスの化石燃料が約30年前と変わらず6割を占める。世界各国で、二酸化炭素量（CO_2）の削減に向けて取り組んでいるが、化石燃料を利用する国もまだ多く残る。

23年7月にインドで開催された20カ国・地域（G20）エネルギー移行大臣会合では、脱炭素化を加速させる先進国と、経済的な化石燃料を活用する途上国とで、化石燃料使用の低減などについて合意できなかった。先進国では CO_2 を30年までに13年比で40％以上削減する目標を掲げるが、中国は約14％増、

核融合発電：核融合によって発生するエネルギーによる発電方法。日米欧などの国際共同プロジェクト「ITER（イーター、国際熱核融合実験炉）」事業が進行しており、2025年に運転開始予定。安全性が高く高レベルの放射性廃棄物を出さないことが特長。

主要国（G7）1次エネルギー自給率と政策

1次エネルギー：自然界から加工されない状態で供給されるエネルギー（石油、天然ガス、石炭など）のこと。

	自給率(2021年) 下段:原子力発電所 基数(22年)				CO₂削減 目標 2013年比	各国のエネルギー政策 再エネ＝再生可能エネルギー
		石油	ガス	石炭		
米国	104%	96%	113%	110%	45.6%減	原油(石油)生産量1位。米国は、シェールガス(地下100～2600メートルの硬い層に含まれる天然ガスの一種)、シェールオイル(原油の一種)の生産が2006年頃に増大し「シェール革命」と呼ばれる。米石油・ガス大手企業が大気からCO₂を回収する「DAC」のプラントを35年までに70基建設する計画。
			93基			
カナダ	186%	288%	138%	235%	2005年比 36%減	世界有数のエネルギー生産国で、石油、石炭に加え水力資源も豊富。次世代原子炉「小型モジュール炉(SMR)」の建設も進めている。
			19基			
英国	61%	75%	43%	12%	54.6%減	経済水域に位置する北海油田から原油、ガスを採掘。しかし、ガス田は枯渇傾向。脱炭素に向け再エネ、原子力開発を推進。再エネは洋上風力発電、太陽光発電の比率を増やす。50年までに次世代型原子炉など8基を建設予定。
			12基			
フランス	54%	1%	0%	0%		電力の約67%を原子力発電に依存。再エネとともに、原子力発電を推進する方針で、50年までに原子炉を6基つくる予定。原子力発電による水素製造にも力を入れる。
			56基		欧州連合(EU)は2027年までにロシアからの化石燃料輸入停止を目指す。	
ドイツ	35%	3%	5%	51%	41.6%減	脱原発を進め、2023年4月にすべての原発を停止。化石燃料のロシア依存は天然ガス、石炭ともに4割を超えていたが、天然ガスはカタール、米国と契約、ショルツ政権は、2030年までに再エネ比率8割を目指す。水素を使用するガス火力発電所の建設も進めている。
			3基			
イタリア	23%	12%	4%	0%		約5割がガス火力で、ロシアに天然ガス31%、石炭56%を依存。天然ガスはアルジェリアからの調達に合意。
			0基			
日本	13%	0%	2%	0%	46.0%減	化石燃料約8割を海外に依存。原油は中東で9割超、豪州にLNG約4割、石炭6割超を依存。再エネと原子力発電量を増やしていく計画。
			33基			

直接空気回収（DAC：Direct Air Capture）

大気中から直接CO₂を回収する技術開発が進んでいる。特殊な溶液やフィルターなどで空気中の低濃度のCO₂を分離・回収。回収したCO₂を地中に埋めたり、コンクリートに配合するなどカーボンリサイクルする。米国では大型施設を建設中で、日本でも実証実験を実施している。

小型原発・小型モジュール炉（SMR）

次世代の小型原子炉のことで、世界各国で開発が進む。「電源を喪失しても原子炉の自然冷却が可能で安全性が高い」「工場で生産して据え付けるため低コスト」などの利点があるとされる。

インドは約99%増を見込んでいる。

ドイツ、イタリアは天然ガス調達先を変更

エネルギー確保や発電源の問題は、脱炭素のほか、安定供給、価格、安全、外交、国内の政策など多岐にわたる。

ロシアからバルト海を経由し直接、天然ガスを輸送するパイプライン「ノルドストーム」で供給を受けてきたドイツは、天然ガスの調達先をロシアからカタールや米国へと移した。同様に天然ガスの約3割をロシアに依存していたイタリアは調達先をアルジェリアに変更し、同国と関係強化を図っている。ＥＵ（欧州連合）としては、27年までにロシアからの化石燃料輸入を停止する。欧州各国は原発を活用するが、ドイツは23年4月に全ての原発の稼働を停止した。

電気・ガス価格激変緩和対策：エネルギー価格の高騰により、厳しい状況にある家庭や企業の電気・ガス料金の負担を軽減する措置。小売り事業者を通じて、使用量に応じた料金の値引きを行う。23年1月使用分（2月検針分）から12月使用分（24年1月検針分）まで。

18 世界の経済連携

★★★

- ▶ 地理的、経済的に関係の深い国・地域同士が協定締結
- ▶ 協定国・地域間では、商品、資金、人の移動がスムーズに
- ▶ 2022年9月、インド太平洋経済枠組み（IPEF）の交渉始まる

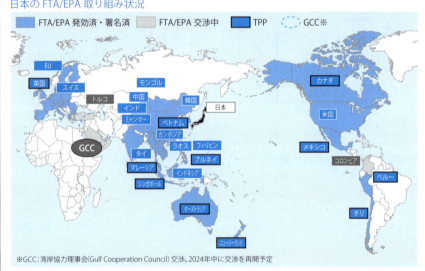

出所:外務省ウェブサイトを参考に作成

貿易の自由化、共同投資へ

国境を越えて商品や資金、人の流れをスムーズにしたり、複数国で共同投資をしたりする協定の締結や共同体の設立が進んでいる。

2018年12月、日本やチリなど太平洋を囲む11カ国によるTPP（環太平洋経済連携協定）が発効。モノの関税だけでなく、金融サービスや電子商取引など幅広い分野でルールを構築。19年2月には、日本とEUとのEPAが発効、世界貿易の約4割を占める巨大貿易圏が誕生した。20年1月に日米貿易協定、21年1月には、EUを離脱した英国と日英EPAを発効。23年7月には、英国のTPP加盟が正式に承認され、TPP経済圏に初めて欧州の国が加わった。英国の加盟により、TPP加盟国が世界全体のGDP（国内総生産）に占める割合が12%

世界貿易機関（WTO）：1995年に発足した、自由貿易のルール作りのための国際機関。加盟国・地域が164に増え、全会一致を原則とするルール作りが難しくなってきている。代わって、2国間の自由貿易協定（FTA）を結ぶ動きが活発化している。

主な経済協力の枠組み

EU（欧州連合）
経済通貨統合、外交政策、警察・刑事司法協力など、幅広い分野で協力を進める。

ベルギー、ブルガリア、チェコ、デンマーク、ドイツ、エストニア、アイルランド、ギリシャ、スペイン、フランス、クロアチア、イタリア、キプロス、ラトビア、リトアニア、ルクセンブルク、ハンガリー、マルタ、オランダ、オーストリア、ポーランド、ポルトガル、ルーマニア、スロベニア、スロバキア、フィンランド、スウェーデン

APEC（アジア太平洋経済協力会議）
アジア太平洋地域の21の国と地域が参加する経済協力の枠組み。

オーストラリア、ブルネイ、カナダ、チリ、中国、香港、インドネシア、日本、韓国、マレーシア、メキシコ、ニュージーランド、パプアニューギニア、ペルー、フィリピン、ロシア、シンガポール、チャイニーズ・タイペイ、タイ、米国、ベトナム

ASEAN（東南アジア諸国連合）
東南アジア10カ国の地域協力連合で、過去10年間に高い経済成長を実現している。

タイ、インドネシア、シンガポール、フィリピン、マレーシア、ブルネイ、ベトナム、カンボジア、ミャンマー、ラオス

RCEP（東アジアの地域的な包括的経済連携）
2011年にASEANが提唱。13年より交渉を開始し、以下の15カ国が20年11月に署名。日本を含め批准した10カ国で22年1月に発効。

日本、中国、韓国、オーストラリア、ニュージーランド、ASEAN

日本が参加する巨大経済連携

TPP（環太平洋経済連携協定）
最終的に日本は95％、日本以外の国は99～100％の関税を撤廃する。サービス、投資の自由化を進め、さらには知的財産など、幅広い分野で新たなルールの構築を目指す。

日EU EPA（日EU経済連携協定）
EPAにより、農林水産物と鉱工業製品を合わせて日本側で約94％、EU側で約99％の関税が撤廃された。

から15％に拡大した。

ASEANが提唱し15カ国が参加するRCEP（東アジアの地域的な包括的経済連携協定）は、批准した10カ国で22年1月に発効。23年9月現在、ミャンマー以外の国は発効している。22年9月には新経済圏構想「インド太平洋経済枠組み（IPEF、アイペフ）」の交渉が14カ国で始まった。IPEFは、世界のGDPの4割を占める。ただ、関税の引き下げや撤廃は交渉に含まれていない。

協定や共同体が世界の貿易や投資に影響

TPPのように域内の人口・GDPなどの規模が大きい国際組織は、参加国への恩恵が大きいが、負の側面も大きくなる。EUでは、域内共通通貨のユーロを導入しているが、ギリシャの財政赤字によってユーロ危機に陥った。

 関連キーワード

IPEF：米国のバイデン大統領が提唱した、「インド太平洋経済枠組み」。日本、米国、インド、インドネシア、オーストラリア、韓国、シンガポール、タイ、ニュージーランド、フィリピン、ブルネイ、ベトナム、マレーシア、フィジーの14カ国が協議を進めている。

19 欧米の金融不安

- ▶発端は米大手地銀シリコンバレーバンク（SVB）の経営破綻
- ▶SNS（交流サイト）とインターネットバンキングが影響
- ▶米国から欧州に飛び火。UBSがクレディ・スイスを買収

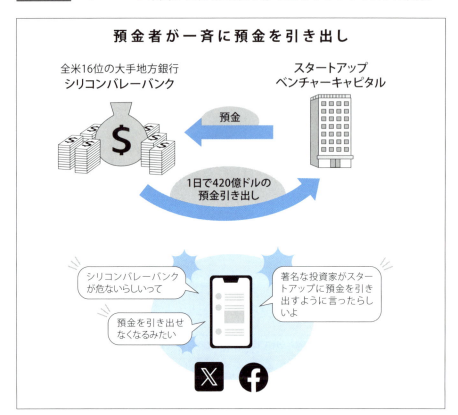

1日で5兆円以上の預金が流出

　2023年3月10日、スタートアップが中心顧客である米シリコンバレーバンク（SVB）が経営破綻した。経営立て直しのために手持ちの債権を売却し損失を計上、増資を発表した。その直後、SNS上で「SVBが危ない」などの情報が拡散、預金者がインターネットバンキングなどを使って一斉に預金を引き出した。増資発表の翌日に引き出された預金額は420億ドル（約5兆6000億円）に達し破綻した。わずか2日で経営破綻する事態になった。

　3月12日には、暗号資産（仮想通貨）企業への融資が多かったシグネチャー・バンクも経営破綻。米連邦預金保険公社（FDIC）などの米当局は、金融不安の拡大を防ぐために預金を全額保護する特例措置を決めた。

米国の預金保護：米国では銀行破綻時の預金保護は1口座につき25万ドルが上限。米連邦預金保険公社（FDIC）が預金保険制度を運営する。3月にシリコンバレーバンクとシグネチャー・バンクが破綻した時には、特例として預金の全額が保護された。

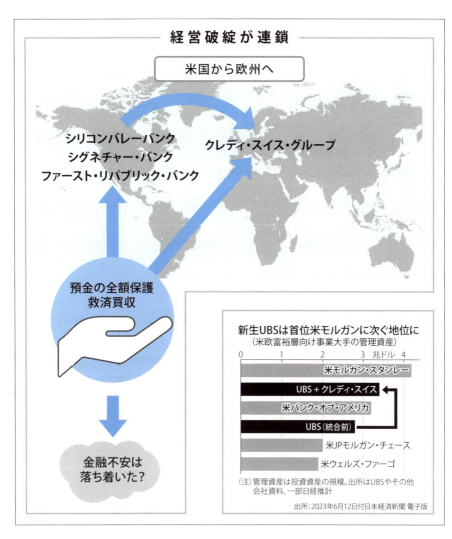

出所:2023年6月12日付日本経済新聞 電子版

UBS がクレディ・スイスを買収

相次ぐ米銀行の経営破綻の直後、2年連続赤字だったスイスのクレディ・スイス・グループの株価が急落し取り付け騒ぎが起こった。スイス政府が仲介しスイスの金融最大手UBSが、クレディ・スイスの総資産の約180分の1の30億スイスフラン（約4200億円）で買収。富裕層ビジネス世界2位となった。

5月には再び米国でファースト・リパブリック・バンクが経営破綻、米政府の要請でJPモルガン・チェースが救済買収した。預金保護や買収によって、金融不安は落ち着きを取り戻しつつある。金融不安が再燃することのないように、銀行規制の国際ルールを策定するバーゼル銀行監督委員会は、銀行の破綻を防ぐ国際ルールのバーゼル規制の検証をする。

関連キーワード **AT1債（永久劣後債）**：AT1債とは「Additional Tier1 債券」の略で、株式と債券の中間の性質を持った証券のひとつ。銀行が経営破綻したとき、元利金が戻る弁済順位が低くリスクは大きいが、利回りが高い。クレディ・スイスのAT1債は無価値になった。

20 米中関係

- ▶米前政権時代に貿易摩擦が勃発、安全保障問題などに発展
- ▶米国の対中貿易額が過去最高に
- ▶米国のハイテク技術の対中国規制に日本の協調を求める

■米国の中国への輸出（2022年）

上位品目	金額（億ドル）	前年比
大豆	17.9	26.6
半導体	10.7	▲21.1
医薬品	9.7	41.6
産業機械・その他	8.6	▲15.0
原油	7.0	15.3

■米国の中国からの輸入（2022年）

上位品目	金額（億ドル）	前年比
携帯電話及びその他の家庭用品	78.8	4.9
コンピュータ	52.6	▲11.2
玩具、ゲーム、スポーツ関連品	41.3	4.3
アパレル、テキスタイル（非ウール又は綿）	24.7	1.9
電気機器	21.5	38.8

出所：経済産業省「令和5年版通商白書」を基に作成

両国の経済的結び付きは強い

米国のトランプ前政権が米国の貿易赤字（輸入が輸出を超過している状態）の約半分を対中貿易が占めることを問題視し、2018年7月に中国からの一部の輸入製品に追加関税をかけたことを端緒として両国の関係は悪化。中国も、米国からの輸入製品に追加関税をかけるなど報復の連鎖が続いた。トランプ前大統領は、米国の最先端技術の技術移転など、中国企業の知的財産権侵害を理由に、中国による対米投資の審査を厳格化、中国の通信機器大手・華為技術（ファーウェイ）に対し米通信ネットワークから同社製品の排除を進めた。21年1月に就任したバイデン米大統領も、対中強硬路線を継承した。両国の経済的な結び付きは強く、米国の対中貿易額は22年に過

デカップリング、デリスキング：デカップリングは、政治・経済分野において「切っても切れない」密接な関係を切り離す「経済分断」の意。デリスキングは、過度な中国依存の見直しなど「リスク回避」を意味する。米中関係を語るときによく使われる。

貿易摩擦からハイテク覇権争いへ

米国 バイデン大統領

中国 習近平国家主席

2018年7〜12月	米国が知的財産権の侵害を理由に中国に制裁関税、これに中国が報復関税で応酬
2019年1月	米中貿易協議を開始
12月	米中貿易交渉で第一段階の合意が発効
2020年4月	中国が南シナ海を軍事拠点化。米国は中立的な立場を転換、南シナ海の安全保障に積極関与の姿勢に
6月	中国で香港の高度な自治を認めた「一国二制度」を揺るがす「香港国家安全維持法」が成立。これに対し米国が香港の貿易優遇措置廃止
8月	米国が「国防権限法」に基づき、政府機関と、ファーウェイや中興通訊(ZTE)など中国企業5社の製品を使う企業との取引を禁止
2021年2月	国内の通信会社で使用されている華為技術(ファーウェイ)製品の排除を強化
2022年10月	米国がスーパーコンピューターやAI(人工知能)向けの半導体の技術と製造装置などの対中輸出規制を導入
2023年2月	中国の偵察気球が米国上空に飛来。中国は民間の気象研究用の飛行船と説明
5月	中国は米半導体大手マイクロン・テクノロジーの製品購入停止を発表
6月	米国で、中国の新疆ウイグル自治区で生産された製品を原則輸入禁止にする「ウイグル強制労働防止法」の対象事業者を拡大
8月	中国が半導体の材料となるレアメタル(希少金属)、ガリウムとゲルマニウムに関連する製品の輸出を許可制に
	バイデン大統領が半導体、人工知能(AI)、量子技術など安全保障上の脅威となる技術分野に関して中国への投資を規制する大統領令に署名

南シナ海問題

安全保障問題
バイデン大統領は、世界シェア上位の半導体製造装置メーカーのあるオランダや日本にも、中国に対して同様の規制の導入を求めており、2023年1月に合意。

人権問題

武器供与
米国は「一つの中国」の認識だが、2023年7月に台湾に武器の供与を発表

台湾問題
世界最大級の半導体受託生産会社(ファウンドリー)のTSMCが台湾に

「一つの中国」
中国は建国以来「台湾は不可分の一部」。「独立反対、祖国統一の促進を貫く」

去最高で、貿易赤字も拡大傾向にあるが、中国への輸出品上位の半導体や産業機械などのハイテク製品については、前年から大きく減少、切り離しを進めている。米国の経済・技術覇権を脅かす中国について、米国は日本などの同盟国にも、半導体製造装置などのハイテク機器の対中輸出を規制するなどの措置を求めている。

南シナ海問題、人権問題、台湾問題でも対立

バイデン米政権は、中国による南シナ海の軍事拠点化や、新疆ウイグル自治区の収容所での強制労働などの人権問題でも中国と対立。台湾統一による中国の太平洋進出への懸念や、台湾が世界最大級の半導体受託生産会社を擁することからも、台湾への関与を強めている。

関連キーワード

核心的利益：妥協の余地のない国益を意味する中国の外交用語。欧米などの民主主義国が問題視する新疆ウイグル自治区や台湾、香港について、中国は「核心的利益」として一切妥協しない姿勢を崩しておらず、米中の対立構造の解消は容易ではない。

21 ESG投資

▶ 環境・社会・ガバナンスに配慮している企業に投資すること
▶ ESGに配慮した企業は長期的に見て成長する可能性が高い
▶ ESG投資で約35兆ドルものお金が動く

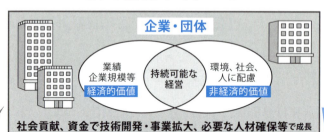

ESG投資のイメージ

企業・団体

- 業績・企業規模等（経済的価値）
- 持続可能な経営
- 環境、社会、人に配慮（非経済的価値）

社会貢献、資金で技術開発・事業拡大、必要な人材確保等で成長

Environment（環境）
・二酸化炭素の排出量削減
・再生可能エネルギーの利用
・事業活動での廃棄物低減

Social（社会）
・事業活動での人権問題の配慮
・労働環境の改善
・製品の安全性の確保

Governance（企業統治）
・取締役会の多様性確保
・適切な納税などの法令順守
・従業員への投資（人的資本）など

企業はESGの具体的なアクション、経営リスクなどを情報開示

ESGに配慮しているか、不正はないかなど企業経営をチェック

機関投資家・個人投資家
国連「責任投資原則（PRI）の視点」を重視

利益還元（配当） ／ ESG投資

持続可能なビジネスに投資

　ESG投資とは、環境、社会、企業統治を判断材料にして、企業などに投資をすること。これまでは企業の経営成績を示す財務情報が投資の基準だったが、ESG投資は地球環境保全や人権、法令順守の取り組みなどの非財務情報を重視する。例えば、メガバンクは、二酸化炭素を多く排出する一部の石炭火力発電所向けの新規融資などを今後停止すると表明している。

非財務情報の開示がスタンダードに

　ESG市場が動き始めたのは2005年に国連が投資機関に対し、ESGの課題を投資の意思決定に組み込む「責任投資原則（PRI）」を提唱して以降だ。多くの金融機関が賛同し、これに署名。15年には日本の国家予算よりも

コーポレートガバナンス・コード：不祥事隠しなどを防ぎ、企業が適切な経営をするための指針のこと。コーポレートガバナンスは企業統治と訳される。東京証券取引所は上場企業に対して、気候変動に関するリスクの開示や、人材の多様性の確保などを求めている。

ＥＳＧへの取り組みの指標など

■企業のESGへの取り組みの情報開示、指標など

環境	社会	ガバナンス
統合報告書：企業が財務情報に加えESGへの取り組みなど、非財務情報を併せてまとめた報告書		
有価証券報告書：上場企業は金融庁が扱う同報告書でESGに関する情報を開示		
国際サステナビリティ基準審議会（ISSB）：国際会計基準を作る（IFRS）財団の傘下で、ESG等の非財務情報の世界的な開示基準の策定が進む		
RE100：事業運営を100％再生可能エネルギーで賄うことを目指す国際組織。日本の企業も参加 **TCFD（気候関連財務情報開示タスクフォース）**：東京証券取引所のプライム市場に上場する企業は、TCFDに沿った情報開示が必要	**健康経営銘柄**：従業員の健康管理維持に努める上場企業を経済産業省（経産省）と東京証券取引所（東証）が選定	**新・ダイバーシティ経営企業100選**：多様な人材の能力を生かし、価値創造につなげている企業100社を経産省が選定 **なでしこ銘柄**：女性活躍に力を入れている上場企業を東証と経産省が選定

■自己表明型統合レポート発行企業等数の推移（国内）

12年間で約38倍

年	2010	2011	2012	2013	2014	2015	2016	2017	2018	2019	2020	2021	2022
企業数	23	31	57	90	133	206	275	331	420	523	599	716	884

統合報告書（レポート）を発行する企業は年々増加！

出所：企業価値レポーティング・ラボ（http://cvrl-jp.com/）の資料を参考に作成

■人権デューデリジェンス

企業が人権侵害をしないために経済産業省が「事業分野、産品、地域、人権侵害リスクの例」の４つの観点からの点検項目を公表。

投資家にとって、例えば、チョコレートの原料となるカカオが児童労働など人権侵害により生産されていた場合、チョコレートの製造企業は投資の対象でなくなる。

□ 事業分野別	農業・漁業、化学品・医薬品など10分野における人権侵害リスクを例示
□ 産品別	カカオやコーヒー、綿など、産品別に児童労働や強制労働が指摘されている産品を例示
□ 地域別	児童労働などのリスクの高さを国・地域ごとにスコアで表示
□ 人権侵害リスクの例	人権侵害リスクの10パターンを例示

資金を持つ年金積立金管理運用独立行政法人（GPIF）が署名した。

ＥＳＧ投資を企業が集めるためにはＥＳＧの非財務情報の積極的開示が求められている。近年は、財務情報と非財務情報をまとめた統合報告書を作成する企業も急増している。また、サプライチェーンを含めた企業活動において「人権デューデリジェンス」と呼ばれる人権尊重への取り組みも重要となっている。対応が遅れている企業もあることから、23年４月に経済産業省がそのガイドラインを公表している。

一方、企業等の見せかけの環境対応「グリーンウォッシュ」が問題となっており、欧米では、環境への対応に関する表示や表現に厳しい規制をかけている。

人権デューデリジェンス：企業の事業運営に関わる全ての過程において、強制労働や児童労働、劣悪な環境での労働などの人権侵害に配慮し、対策や救済を行うこと。取引先やサプライチェーンにおいても同等の管理が求められる。

22 暗号資産（仮想通貨）

★★★

- ▶インターネット上で用いられる電子データのみの通貨
- ▶改正資金決済法が施行され、国内で「ステーブルコイン」の発行が可能に
- ▶巨額流失や違法行為の温床になるなどの問題点も多い

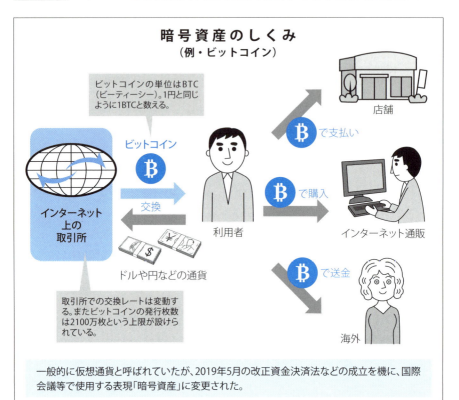

電子データのみの通貨

　暗号資産とは、高度な暗号技術によって守られた、主にインターネット上での取引に用いられる電子データのみの通貨のこと。法定通貨の円やドルとも交換できる。法定通貨のように通貨を発行・管理し価値を保障してくれる国家や中央銀行のような発行主体がないビットコインなどの暗号資産と、法定通貨を裏付け資産として銀行などが発行するステーブルコインがある。

　現在では発行されている暗号資産は世界に約2万種類あり、全暗号資産の時価総額は100兆円を超えるといわれている。代表的なものにビットコインとイーサリアムがあり、この2つで時価総額の3分の2を占めている。ステーブルコインは23年8月に米決済大手のペイパ

関連キーワード

ブロックチェーン：暗号資産の取引データを安全に管理するための暗号技術。複数のデータを一定のブロック（塊）としてネット上に記録し、それぞれのブロックをチェーン（鎖）のように暗号化してつなぎ合わせて保存することから名付けられた。

暗号資産と法定通貨の違い

	法定通貨	暗号資産（ビットコインの場合）	ステーブルコイン
発行者	発行国	特定の発行者はいない	コイン発行者。日本では銀行、信託会社、資金移動業者
管理者	中央銀行	特定の管理者はいない	コイン発行者。日本では銀行、信託会社、資金移動業者
現物	紙幣や硬貨がある	ない（暗号化された電子データ）	ない（暗号化された電子データ）
発行量	上限はない	上限が決まっている。2140年頃までに2100万ビットコイン（BTC）を発行	上限は発行者によって異なる
信用	国が価値を保障	価値の保障はない	発行者が保障
額面	日本円は一定 外貨などは穏やかに変動	大きく変動することが多い	大きく変動しないように設計

主な暗号資産

名称	特徴
Bitcoin（ビットコイン）	代表的な暗号資産。サトシ・ナカモトと名乗る人物が考案したとされる。一部の実店舗では支払いに使える。
XEM（ネム）	新規発行の仕組みがない。2018年1月、暗号資産交換社のコインチェックから約580億円分が不正に流出し問題となった。
XRP（リップル）	銀行間送金に活用される。海外送金が法定通貨より速く安い。
ETH（イーサリアム）	ビットコインに次いで時価総額第2位（2023年9月時点）。支払いと同時に契約が完了する機能がある。22年9月に消費電力の少ない新方式に移行。
USDT（テザー）	Tether Limited社が発行するステーブルコイン。米ドルの価格に連動している。

ル・ホールディングスが、ドルに連動する「ペイパルUSD」を自社サービスに導入した。日本では23年6月に改正資金決済法が施行され、銀行、信託会社、資金移動業者が発行できるようになった。三菱UFJフィナンシャル・グループ（MUFG）傘下の三菱UFJ信託銀行がブロックチェーン会社に出資するなど24年中の発行を進めており、みずほFGも参加する。

問題点も多いが将来的な可能性は大きい

巨額の暗号資産が取引所から盗まれたり、マネーロンダリングなどの違法行為に利用されたりするといった問題点も多い。日本では暗号資産の業界団体である日本暗号資産ビジネス協会（JCBA）が、自主規制団体である日本暗号資産取引業協会（JVCEA）と金融庁と連携して自主規制ルールに反映する。

関連キーワード　**中央銀行デジタル通貨（CBCD）**：現金を電子データに置き換えたもの（デジタル化）、円など法定通貨建てである、中央銀行の債務として発行される——この3条件を満たす通貨のことで、日本も実証実験を進めている。21年にバハマが世界で初めて発行。

23 グローバル・ミニマム課税／デジタル課税

★★

▶グローバル・ミニマム課税は企業が負担する税率を最低15%に
▶巨大な多国籍企業から各国が適正に法人税を徴収できるようにするルールを制定

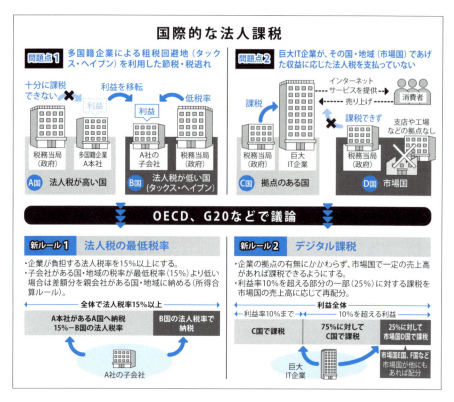

デジタル時代の新課税ルール

　経済のデジタル化やグローバル化に伴い、多国籍企業が本来払うべき税金を十分に払っていないことが問題となっている。租税回避地（タックス・ヘイブン）と呼ばれる、税金がゼロか極端に低く設定された国に関連会社を置き、そこに利益を移して節税したり、税逃れしたりするケースだ。GAFAMと呼ばれる巨大IT企業が、莫大な利益に見合った税金を、消費者のいる市場国に納めていないとの批判もある。このため経済開発協力機構（OECD）を中心に国際課税ルールの見直しについて議論が重ねられてきた。

　2021年10月、OECD加盟国を含む136カ国・地域は、法人税の最低税率を15%とするグローバル・ミニマム課税（正式名称GloBE〈グローブ〉ルール）とデジタル課税について合意し、20カ国・地域（G20）の財務省・中央銀行総裁会議でも合意した。前者は各国がそれぞれ法改正をして同税率を導入する。日本は24年度以降に導入する見通しだ。後者は、23年7月に多国間条約の大枠に138カ国・地域が合意した。23年末までに署名、25年の発効を目指している。

SDGs（エスディージーズ）

- 2030年までに世界的に取り組む「持続可能な開発目標」
- 先進国を含むすべての国を対象としている
- 日本でも達成に向けたアクションプランを作成

SDGsの17の目標と世界のSDGs達成度ランキング

世界のSDGs達成度ランキング

順位	国・地域名	スコア
1	フィンランド	86.76
2	スウェーデン	85.98
3	デンマーク	85.68
4	ドイツ	83.36
5	オーストリア	82.28
6	フランス	82.05
7	ノルウェー	82.00
8	チェコ	81.87
9	ポーランド	81.80
10	エストニア	81.68
11	英国	81.65
12	クロアチア	81.50
13	スロベニア	81.01
14	ラトビア	80.68
15	スイス	80.54
16	スペイン	80.43
17	アイルランド	80.15
18	ポルトガル	80.02
19	ベルギー	79.46
20	オランダ	79.42
21	日本	79.41

日本において 達成度が低い目標
（大きな課題が残っている項目）

5.ジェンダー平等を実現しよう　12.つくる責任つかう責任　13.気候変動に具体的な対策を　14.海の豊かさを守ろう　15.陸の豊かさも守ろう

政府は、日本の「SDGsアクションプラン2023」を策定

出所:(ランキング表) Sustainable Development Report2023

「誰も置き去りにしない」が理念

SDGs（Sustainable Development Goals: 持続可能な開発目標）は、2030年までに取り組む世界的な目標で、15年9月の国連総会で採択された。世界の貧困をなくし、持続可能な世界の実現を目指す。「誰も置き去りにしない」を理念とし、貧困や飢餓の撲滅、環境保護、社会の平等など17のゴールと169ターゲットが設定されている。法的拘束力はないものの、国連加盟国は目標達成の道義的責任を負うことになっている。

国連の研究組織がまとめた23年の「世界のSDGs達成度ランキング」で日本は166カ国中21位だった。前年の19位（79.58）から順位・スコアを落とした。国政への女性参加をはじめ男女格差が見られる日本は、特に「5 ジェンダー平等を実現しよう」の達成度が低い。「12 つくる責任 つかう責任」については、電子廃棄物を大きな課題として指摘している

30年のSDGs達成に向けて、政府が策定している「SDGsアクションプラン2023」では、重点事項として、女性の活躍推進、子供の貧困対策、外国人との共生社会の実現などを挙げている。

25 世界の難民、避難民

★★

- ▶世界の難民、避難民等は過去最多の1億840万人に
- ▶シリア、ウクライナ、アフガニスタンの3国で5割以上を占める
- ▶受け入れ国の上位はトルコ、イラン、コロンビア

世界の難民、避難民が多い国・地域

難民等を受け入れている国 上位5カ国

トルコ	360万人
イラン	340万人
コロンビア	250万人
ドイツ	210万人
パキスタン	170万人

■世界の難民、避難民、国際的保護を必要としている人

シリア、ウクライナ、アフガニスタンで難民、国際的な保護を必要としている人の約52%を占める

出所：国連難民高等弁務官事務所（UNHCR）「GLOBAL TREND FORCED DISPLACEMENT IN 2022」を基に作成

シリアからの難民・避難民が最多

　国連難民高等弁務官事務所（UNHCR）によると2022年末時点で「紛争や迫害により故郷を追われた人」は推計1億840万人となり、過去最多となった（難民3530万人、国内避難民6250万人、庇護希望者540万人、その他の国際保護を必要としている人520万人。そのうちの41%は18歳未満の子ども）。とくに、アサド政権と反対派の勢力との激しい内戦が10年以上続いているシリアから追われた人が最も多く654万7800人、次いでウクライナが567万9900人、アフガニスタンが566万1700人、ベネズエラ545万1800人。出身国の周辺の国に逃れてとどまっている人も多い。難民等の受け入れ数が多い国は、トルコ、イラン、コロンビア、ドイツ、パキスタン。受け入れている国には、途上国もあり支援が必要だ。

　日本の難民認定数は5年連続で増加しており、22年は202人で過去最多となった。7割はタリバン政権から逃れてきたアフガニスタンからの難民。次いで多いのはミャンマーで、入管庁の条件に該当しない人もいるが、在留資格「特定活動」を適用して滞在を認めている。

26 NFT（非代替性トークン） ★★

▶複製可能なデジタルデータの「一点物」を証明する新しい認証技術

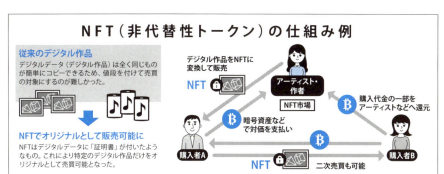

デジタル作品の売買が可能

　NFTはブロックチェーン（分散型台帳）の仕組みを使って発行・流通するデジタルデータ。作者の情報や受け渡しの記録などをデータ改ざんが難しいブロックチェーン上で管理することで、そのデータがオリジナルのものであることを証明できる。絵画や音楽などをNFTに変換すれば「一点物」として売買できる。二次売買もでき、転売時に取引される金額の一部を作者に還元する仕組みをつくることも可能だ。

27 AUKUS（オーカス） ★★

▶豪州、英国、米国の安全保障協力の枠組み
▶豪州に原子力潜水艦を配置し、中国をけん制

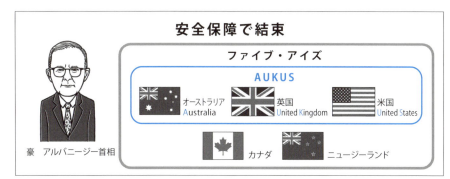

オーストラリアの軍事面の強化

　AUKUSは、覇権主義を強める中国に対抗し、2021年9月に米国、英国、オーストラリア（豪州）が創設した安全保障の枠組み。豪州での原子力潜水艦の建造や極超音速兵器の開発などで協力する。気候変動などの連携までをうたうQuadよりも、軍事面の強化が目立つ。AUKUSにカナダ、ニュージーランドを加えたファイブ・アイズと呼ばれる機密情報共有の枠組みもあり、日本は連携を強める。

第2章 国際社会・経済 — 確認ドリル

カッコ内に入る言葉を答えよ。

1 2023年5月にG7首脳会議（広島サミット）が開催された。次回の議長国は（　　　）である。

2 イスラム教スンニ派が多数を占めるサウジアラビアとシーア派が主流のイランが2023年3月、国交正常化に合意した。これを仲介した国は（　　　）である。

3 中国と欧州を陸路で結ぶ、中国が提唱する広域経済構想を何というか。

4 現在の国連事務総長はポルトガル人の（　　　）である。

5 ウクライナに侵攻しているロシアが23年6月に戦術核兵器を配備したのは（　　　）である。

6 ESG投資は、環境、社会、（　　　）を判断材料にして、企業などに投資することをいう。

7 法定通貨を裏付け資産として、銀行などが発行する暗号資産（仮想通貨）を（　　　）という。

8 国家間の税率の引き下げ競争に歯止めをかけるために、企業が最低限負担すべき法人税の割合を15%に定めたルールを（　　　）という。

9 オーストラリアでの原子力潜水艦の建造などで協力する、オーストラリア、英国、米国の安全保障の枠組みを（　　　）という。

10 ブロックチェーン（分散型台帳）技術を基盤にした複製や改ざんが難しい、「一点物」のデジタルデータを（　　　）という。

【解答】 1.イタリア 2.中国 3.一帯一路 4.アントニオ・グテレス 5.ベラルーシ
6.企業統治またはガバナンス 7.ステーブルコイン 8.グローバル・ミニマム課税
9.AUKUS（オーカス） 10.NFT（非代替性トークン）

第3章

国内政治

「異次元の少子化対策」や「国家安全保障と防衛費」といった
国内政治の様々なテーマを掲載。
政治の今後の動向を見るうえでも活用してほしい。

28 2023年の国政と重要法案

★★★

- ▶ G7サミットを広島で開催、岸田首相は米国やウクライナ、アフリカ訪問など積極外交を展開。韓国とのシャトル外交も再開
- ▶ 通常国会では政府の提出法案（閣法）58本成立

国政などに関する主な出来事

2022年10月〜
- 10月3日〜12月10日、臨時国会を開会。11月8日には「一票の格差」是正に向け、衆議院小選挙区数を「10増10減」とする改正公職選挙法が成立

2023年1月
- 岸田首相がバイデン米大統領とワシントンで会談。安全保障政策に関し、日米で統合抑止力を高めるなど同盟を強化

2月
- 北朝鮮のICBM発射を巡り、日本や米国などの要請で国連安保理が緊急会合を開催。非難声明採択できず
- 日中友好の象徴、パンダ4頭が貸与期間終了により中国へ返還

3月
- 岸田首相がウクライナ訪問。ゼレンスキー大統領と会談
- 2兆円超えの物価高対策決定。低所得世帯に現金支給など
- 28日、23年度予算成立

4月
- 4年に1度の統一地方選挙。維新の会系知事が3府県に
- 岸田首相が、連携強化に向けて4月末からアフリカ4カ国とシンガポールに訪問

5月
- 岸田首相が韓国を訪問、尹（ユン）大統領と会談。「シャトル外交」が12年ぶりに再開
- 広島でG7サミット開催

6月
- 労働市場改革や少子化対策などを盛り込んだ「骨太の方針2023」を閣議決定

7月
- 「こども・若者の性被害防止のための緊急対策パッケージ」決定。男性・男児向けの相談窓口設置へ

8月
- 24日、東京電力福島第一原発に貯蔵されていた処理水を海洋放出
- 米国で日米韓首脳会談

9月
- 13日に第2次岸田再改造内閣発足。女性閣僚は過去最多に並ぶ5人となった

骨太の方針2023
2023年6月に閣議決定された「骨太の方針」の主な内容
- ●三位一体の労働市場改革（テーマ62参照）による構造的賃上げの実現
- ●「人への投資」の強化
- ●家計所得の増大と分厚い中間層の形成
- ●官民連携による国内投資拡大とサプライチェーンの強靱化
- ●GX（グリーントランスフォーメーション）、DX（デジタルトランスフォーメーション）等の加速

岸田文雄首相

岸田首相襲撃事件
23年4月15日、岸田文雄首相が訪問中の和歌山県・雑賀崎漁港の演説会場で爆発が起こった。岸田首相に怪我はなかったが、民間人1人、警護員1人が負傷。筒状の爆発物を投げた木村隆二容疑者はその場で取り押さえられた。
警察庁は同事件について、警護上の課題や取り組みに関する報告書をまとめている。

最重要政策は、こども・子育て政策

　2023年は、1月23日に通常国会が始まり、岸田首相が衆院本会議で施政方針演説に臨んだ。演説で「最重要」という言葉を使ったのは、こども・子育て政策、北朝鮮の拉致問題の解決、福島の復興。こども・子育て政策については「次元の異なる少子化対策を実現したい」とし、6月に閣議決定された骨太の方針に具体案などを盛り込んだ。北朝鮮については、弾道ミサイル発射を断じて容認しないとしながらも、日朝国交正常化の実現を目指すとした。福島の復興は、住民とともに取り組みをさらに進めることや、原発の廃炉や処理水問題への対応について話した。処理水の海洋放出は8月に始めたが、中国から日本の関係機関に多数の抗議、嫌がらせの行為や電話が続いた。

骨太の方針：正式名称を「経済財政運営と改革の基本方針」といい、政府の経済財政運営や予算編成の基本となる。経済財政諮問会議で原案を作成、毎年6月頃に閣議決定する。

2023年に成立・施行した主な法律

時期	成立/施行	法律名	主な内容
4月	施行	改正国家公務員法	国家公務員の定年60歳を65歳まで段階的に引き上げる法律
4月	成立	改正新型インフルエンザ等対策特別措置法・内閣法	感染症発生に際し、首相の都道府県知事などに対する指示権の早期発動等、および内閣感染症危機管理統括庁の設置等に関する法律（テーマ5参照）
5月	成立	GX（グリーントランスフォーメーション）脱炭素電源法	「最長60年」とする原子力発電所の運転期間について、60年を超えての運転も可能とするなどの法律（テーマ9参照）
5月	成立	孤独・孤立対策推進法	内閣府に対策推進本部を設置。地方自治体は孤独・孤立対策地域協議会を置くことを努力義務としている
6月	成立	改正マイナンバー法	マイナンバーカードと健康保険証を一体化させたマイナ保険証の実質義務化などに関する法律（テーマ34参照）
6月	成立	改正入管法	紛争地からの避難民を難民に準ずる「補完的保護対象者」として認定、保護手続きをする制度の新設などの法律
6月	成立	改正空き家対策特別措置法	勧告を受けた「管理不全空家」に関して、固定資産税等の優遇措置対象から外すことができるようになるなどの法律
6月	成立	認知症基本法	認知症の人の尊厳が守られ、日常生活等が円滑に営めるように、認知症施策を総合的かつ計画的に推進。保健医療サービス、福祉サービス等が切れ目なく提供されるよう整備を図るなどの法律
6月	成立・施行	LGBT理解増進法	性的指向およびジェンダーアイデンティティに関する基本理念を定め、国民の理解の増進に関する施策を策定。多様性に寛容な社会の実現を目指す
6月	成立	防衛財源確保法	防衛力の強化等に向けて必要な財源を、国が保有する資産の売却など税金以外から確保する「防衛力強化資金」などに関する法律（テーマ33参照）

安全保障政策は転換を図り、防衛力を抜本的に強化する。反撃能力の保有などを決め、5年間で43兆円の防衛予算を確保することについて説明した。

23年9月には、第2次岸田再改造内閣が発足。閣僚19人のうち13人が交代となり、11人が初入閣。岸田首相は「変化を力にする内閣だ」話した。

政府提出の法案は成立率96.7%

通常国会は、政府が提出した法案（閣法）60本のうち、58本が成立した。「GX（グリーントランスフォーメーション）脱炭素電源法」や「防衛財源確保法」など、岸田政権の重要政策に関する法案が並んだ。議員立法では、「孤独・孤立対策推進法」や「LGBT理解増進法」などが成立した。

関連キーワード　議員立法：国会議員が提出する法案のこと。国会へ提出される法案は、内閣から提出する内閣提出法律案（閣法）、と議員立法の2つ。提出された法案は唯一の立法機関である国会で審議される。議員の提出する法案には、国民にとって身近なものが多い。

29 加速する「新しい資本主義」

ポイント
- ▶「成長と分配の好循環」を目指す岸田政権の看板政策
- ▶労働市場改革の実行で構造的な賃上げを目指す
- ▶政府の的を絞った公的支出により民間投資を拡大

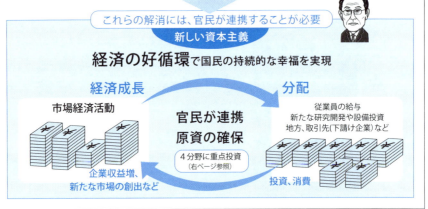

出所：首相官邸、内閣官房、政府広報オンラインなどのウェブサイトを基に作成

官民連携で経済の好循環を

「新しい資本主義」は、首相官邸によれば「官民が協力し『成長』『分配』を実現」するとされる。背景には、1980年代から2000年代にかけて始まった、政府が市場経済活動に介入しない新自由主義的な政策による弊害がある。経済成長の果実（お金など）が適切に分配されなかったことから生じた経済的格差や、地方と都市部との格差を、政府の民間への投資などで解消することが「新しい資本主義」である。

例えば、政府は賃金を引き上げる企業への支援や仕事のスキルアップ支援などにより国民の所得を増やし経済の活性化を狙う。企業は収益を伸ばし、これを従業員や社会に還元。官民協力して、経済の好循環を目指す。

関連キーワード
資産所得倍増プラン：家計にとどまる家計金融資産を投資に向けて市場を活性化させ、個人の所得を増やす計画。投資しやすいよう、個人型確定拠出年金（iDeCo）や、少額投資非課税制度（NISA）の拡充を図っている。

「経済成長」と「分配」の好循環の実現に向けた重点分野

持続的な高水準の賃上げ
- 三位一体の労働市場改革（リスキリング（学び直し）、ジョブ型雇用の推進、成長分野への労働移動）による構造的賃上げの実現
- 「人」への投資の強化
  「能力開発」「労働移動」など3年間で4000億円の政策パッケージ

民間の設備投資115兆円を目指す
- 官民連携による国内投資拡大とサプライチェーンの強靱化
- GX（グリーントランスフォーメーション）、DX（デジタルトランスフォーメーション）等の加速
- 世界レベルの研究大学をつくるための10兆円規模の「大学ファンド」
- 量子技術やゲノム創薬など科学技術投資の抜本拡充

子ども・子育て政策の抜本強化
- 切れ目のない支援
  出産費用の保険適用や児童手当の拡充などを計画、子育て世帯を切れ目なく支援

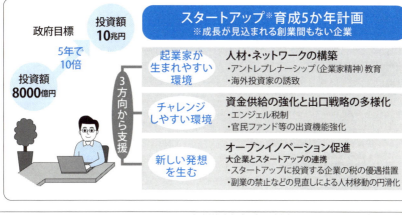

スタートアップ※育成5か年計画
※成長が見込まれる創業間もない企業

政府目標　投資額10兆円　5年で10倍　投資額8000億円

3方向から支援

- **起業家が生まれやすい環境**
  人材・ネットワークの構築
  ・アントレプレナーシップ（企業家精神）教育
  ・海外投資家の誘致
- **チャレンジしやすい環境**
  資金供給の強化と出口戦略の多様化
  ・エンジェル税制
  ・官民ファンド等の出資機能強化
- **新しい発想を生む**
  オープンイノベーション促進
  大企業とスタートアップの連携
  ・スタートアップに投資する企業の税の優遇措置
  ・副業の禁止などの見直しによる人材移動の円滑化

出所：首相官邸、内閣官房、政府広報オンラインなどのウェブサイトを基に作成

目指すは持続的な高水準の賃上げ

政府は、22年6月に「新しい資本主義のグランドデザイン及び実行計画」を閣議決定し、「人への投資」「科学技術・イノベーション」「スタートアップ」「GX（グリーントランスフォーメーション）・DX（デジタルトランスフォーメーション）」を4本柱に重点投資を進めてきた。賃上げ率は約30年ぶりの高い水準になったが、持続的な賃上げ・経済成長の加速に向けて23年6月に実行計画の改訂版を発表した。デジタル化が進む中で、既存の事業や市場に重点を置くだけでなく、社会課題などを解決しながら人と経済がともに成長していく技術や労働環境の整備への投資強化を打ち出した。投資額を増やし、世界有数のスタートアップ集積地になることを目指す。

関連キーワード　**ユニコーン**：未上場ながら、企業価値が10億ドルを超える有力なスタートアップ企業のこと。めったに出会えない存在として伝説の生き物「ユニコーン（一角獣）」と呼ばれる。日本はわずか6社にとどまっているが、政府は100社まで増やす目標を掲げている。

30 異次元の少子化対策

▶ 2022年の出生数は約77万人で、年々減少している
▶ 子育てしやすいよう、社会全体の構造・意識を変える
▶ 対策の目玉は児童手当の拡充

出生数・合計特殊出生率の推移とこれまでの主な少子化対策

合計特殊出生率：1人の女性が生涯に産むとされる子供の人数の平均（その年の女性の年齢別出生率の合計）

	1949年	1966年	1971年	1989年	2005年	2022年
出生数（十人）	269,664	136,097	200,097	124,680	106,253	77,074
合計特殊出生率	4.32	1.58	2.16	1.57	1.26	1.26

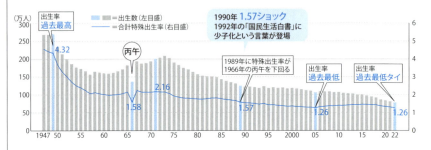

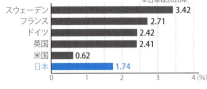

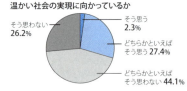

出所：(上表)厚生労働省「人口動態統計」、こども家庭庁「こども政策の強化に関する関係府省会議」参考資料を基に作成

2030年までに少子化傾向を反転できるか

2022年の出生数は77万747人で、1899年の統計開始以来の最低数となり、合計特殊出生率も、1.26で過去最低タイとなった。23年1〜6月の半年の出生数は、さらに前年を下回り37万1052人（速報値）だった。

89年の合計特殊出生率が1.57で、66年の「丙午（ひのえうま）」の出生率を下回ったことが発表された90年は「1.57ショック」と言われた。この頃から政府は少子化対策を打ち出し、対策の見直しや拡充を進めてきたが、少子化に歯止めはかかっていない。岸田首相は23年1月に「異次元の少子化対策に挑戦する」と表明。賃上げにより若い世代の所得を増やすことや、子育て世代への切れ目のない経済支援、そして、子ども・子育てに対しての意識

合計特殊出生率 2.07：人口を維持するためには合計特殊出生率2.06から2.07が必要とされている。内閣府の資料によると外国でも、スウェーデン1.66、フランス1.82、ドイツ1.53、英国1.58、米国1.64と、2.0を上回っていない（いずれも2020年）。

少子化対策（こども未来戦略方針）の全体像

政府が掲げる「目指す社会像　3つの基本理念」

子ども・子育て支援
1. 若い世代の所得を増やす
2. 社会全体の構造・意識を変える
3. 全ての子育て世帯を切れ目なく支援

[主な支援]

〜結婚　妊娠〜出産・産後　就学前　小・中学校　高校　大学

児童手当の拡充（月額） ★目玉

	0〜2歳	3歳〜小学生	中学生	高校生
現状	1万5000円	1万円 第3子以降は1万5000円	1万円	なし
	所得制限あり			
2024年10月〜	1万5000円	1万円		
	所得制限撤廃／第3子以降は3万円			

- 新婚世帯への家賃・引っ越し費用等の支援
- 地方自治体における結婚支援など
- 出産費用の保険適用（正常分娩）
- 産後ケアの支援の拡充
- こども誰でも通園制度（仮称）の創設／病児保育の拡充
- 育児休業・給付 手取りで10割相当の給付
- 放課後児童クラブ 量の拡大 職員配置の改善
- 学校給食費の無償化の検討
- 「高等教育の修学支援新制度」の拡充 世帯年収約600万円まで（現行約380万円まで）の多子世帯・理工農系に対象拡大
- 修士課程対象 授業料後払い制度 卒業後に年収や扶養する子ども数に応じて授業料を納付

社会的養護、障害児、医療的ケア児等の支援基盤の充実、ひとり親家庭の自立支援の強化

■実施のロードマップ（実施のめども含む）

2024年度	2025年度	2026年度	2028年度	2030年度を目安に
児童手当の拡充（10月〜） こども誰でも通園制度（仮称）	育児休業・給付の拡充	出産費用の保険適用	雇用保険の適用拡大	子ども関連の予算を一元化する「こども金庫」創設

出所：首相官邸のウェブサイト、内閣官房「こども未来戦略方針」などを基に作成

改革も促すとした。内閣府の調査によると、「日本の社会が結婚、妊娠、子ども・子育てに温かい社会の実現に向かっているか」という問いに「そう思わない（26.2%）」、「どちらかといえばそう思わない（44.1%）」の合計が7割を超えている。

児童手当は所得制限を撤廃

23年6月に発表した「こども未来戦略方針」によると、対策の目玉は24年10月開始予定の「児童手当」で、所得制限を撤廃し対象を高校生まで広げる。保護者の就労の有無を問わず利用できる「こども誰でも通園制度（仮称）」や育児休業に対し手取りで10割相当の給付などを計画。30年には「こども金庫」を創設し、こども家庭庁による予算の一括管理を目指す。

関連キーワード

こどもファスト・トラック：妊婦や子連れの人を対象に、公共施設や商業施設の受付を優先する政府の取り組み。待ち時間を短縮することで施設を利用しやすくすることを試みている。国立の博物館や美術館、迎賓館などで実施している。

31 子どもを巡る問題とこども家庭庁

- ▶「こども家庭庁」を創設し、子ども関連の政策を一元化
- ▶「こどもまんなか」社会の実現を目指す
- ▶児童虐待、子どもの貧困率など課題は山積

「こども基本法」と子どもに関するデータ

「こども基本法」の基本理念の概略（一部抜粋）

基本理念
- 全ての子どもが個人として尊重され、差別を受けない
- 福祉に係る権利を保障
- 教育を受ける機会の保障
- 意見を表明する機会、多様な社会活動に参画する機会を確保

```
内閣総理大臣
    │
こども政策担当大臣
    │
 こども家庭庁
    │
こども家庭庁長官
```

移管 ← 内閣府
- 認定こども園
- 少子化対策
- 児童手当
- 子どもの貧困対策

移管 ← 厚生労働省
- 保育所
- 虐待防止
- 母子保健
- ひとり親家庭支援

連携 ← 文部科学省
- 幼稚園
- 小学校
- 中学校
- 高校

◎**児童虐待** 2022年度
（児童相談所での児童虐待相談対応件数）
過去最高 **21万9170件**
出所：こども家庭庁

◎**子どもの貧困率** 2021年
（中間的な所得の半分に満たない家庭で暮らす17歳以下の割合）
11.5%
出所：厚生労働省「2022年国民生活基礎調査の概況」

◎**待機児童数**
保育所など（23年4月時点） **2,680人**
放課後児童クラブ（22年5月時点） **15,180人**
出所：厚生労働省

◎**ヤングケアラー**
大人が担うと想定される家事や家族の世話、介護などを日常的に行っている18歳未満の子ども。学校生活に支障が出たり、周囲に話せず孤立したりすることが懸念されている。
2022年度〜24年度 ヤングケアラー認知度向上集中取り組み期間

出所：こども家庭庁、内閣府、厚生労働省、文部科学省のウェブサイトを参考に作成

次世代の社会を担う子どもの幸福を支える

少子化が進む一方で、児童虐待の件数は過去最高を更新。保育所などの待機児童数は減少に向かっているが、保護者が昼間家にいない小学生以上の子どもたちの居場所となる「放課後児童クラブ」の待機児童数は増加傾向にある。こうした子どもを巡る問題の改善に向けて、22年6月に「こども基本法」「こども家庭庁設置法」が成立。23年4月に「こども家庭庁」が発足した。子どもや若者の声を制度や政策に反映する社会となることも目標の1つで、意見交換に参加するメンバーを同庁のウェブサイト内「こども若者★いけんぷらす」で募集している。

子ども政策は、少子化対策は内閣府、保育所や児童相談所は厚生労働省、幼稚園は文部科学省など、関係府省がバラバラに担当し、対応範囲が違うことで政策の抜け落ちが生まれやすく、支援を受ける側にも分かりづらい構造となっていた。幼稚園等は文部科学省の管轄のままだが、子育て政策をこども家庭庁に集約し、こどもまんなか社会の実現を目指す。

32 日本の国境を巡る情勢

- ▶北方領土は第二次世界大戦末期、ソビエト連邦が占領
- ▶韓国が実効支配する竹島では日韓が領有権を主張
- ▶日本は尖閣諸島を国有化

領土をめぐる各国の主張

1855年	日魯通好条約…択捉島とウルップ島の間を国境とする
1875年	樺太千島交換条約…日本は樺太（サハリン）を放棄する代わりに、千島列島を領土とする
1905年	ポーツマス条約…ロシアから樺太（サハリン）の北緯50度以南を譲り受ける
1945年	ソビエト連邦が日ソ中立条約を無視して北方四島に侵攻、実効支配する
1951年	サンフランシスコ平和条約…日本は千島列島と樺太（サハリン）を放棄。しかし、北方四島は千島列島に含まれないため、領有権は継続

日本の主張 日魯通好条約により北方四島は日本固有の領土。ロシアが不法に占拠している。

ロシアの主張 米国が千島列島を引き渡すことを条件に、ソ連に対日参戦を促したヤルタ協定が根拠である。

日本の主張 日本固有の領土であることは明らかであり、日本が有効に支配している。解決すべき領土問題は存在しない。

中国の主張 古い文献によると、中国人が最も早く発見、命名、利用したと考えられる。

日本の主張 竹島は、歴史的事実の面からも国際法の面からも、明らかに日本固有の領土である。韓国の占拠は不法である。

韓国の主張 朝鮮の古い文献や地図には、「鬱陵島」に並んで「于山島」の名前があり、この「于山島」が現在の独島（竹島の韓国名：トクト）である。

見えぬ解決の糸口

日本政府が認知する国境問題の一つが、北方領土問題だ。第二次世界大戦末期、ソビエト連邦（現ロシア）は北方四島へ侵攻。日本人島民を送還し、現在に至るまで実効支配を続けている。日本は、ソ連軍の侵攻がポツダム宣言受諾の表明後であるとして、一貫して領土の返還を主張している。

北方領土問題の解決に向けて、1992年の4月から元島民（の日本人）と現在の島民（のロシア人）による「ビザなし交流」が行われてきたが、2022年3月にロシアがそれを一方的に破棄。北方領土の平和条約の交渉打ち切りも宣言した。再開のめどは立っていない。

竹島は1954年から韓国が実効支配している。2005年、島根県議会が2月22日を竹島の日とする条例を可決すると、韓国は反発した。

尖閣諸島は中国と台湾が領有権を主張。12年、個人所有であった島を日本政府が国有化すると、中国国内で盛んに反日デモが行われた。中国は、21年2月の海警法成立以降、海警局（日本の海上保安庁に相当）を準軍事組織に位置付け、武器の使用を容認している。

33 国家安全保障と防衛費

- ▶各国は軍事力を増強、デジタル化により軍事領域も拡大
- ▶日本の防衛費は過去最高、2023年度はGDP比1%超え
- ▶他国の侵攻抑止に向けて「反撃能力」保有へ

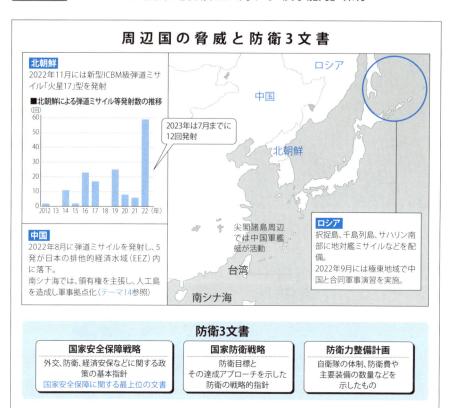

出所：防衛省「なぜ、いま防衛力の抜本的強化が必要なのか」を参考に作成

重要なのは外交努力と抑止力

2022年12月、防衛力の抜本的強化をはかる「国家安全保障戦略」「国家防衛戦略」「防衛力整備計画」からなる「防衛3文書」が閣議決定された。今後5年間で総額43兆円の防衛力整備計画を示した。岸田首相は23年度の防衛費予算の増額も進め、23年度は6兆7880億円（防衛省所管分）と、過去最高を11年連続で更新し、いよいよGDP（国内総生産）比1%を超えた。政府は防衛費の目安をGDPの1%以内とし、おおむね1%以内で防衛力を強化してきた。政府は、平和な暮らしを守るために最も重要なことは外交努力で安全保障環境を整え、保つことだとしているが、同時に防衛力を強化し、侵攻や戦争を抑止することも必要だとしている。

自律型致死兵器システム（LAWS）：AIを搭載し人の関与なしに自律的に攻撃対象を見つけて殺傷するLAWSが、実戦で使用されている懸念がある。23年7月に国連安全保障理事会がAIについて初会合を開き、LAWSの禁止を求めた提言書をまとめた。

多次元統合防衛力の構築

国際社会において軍事もデジタル化。宇宙やサイバー空間まで安全保障の領域が拡大

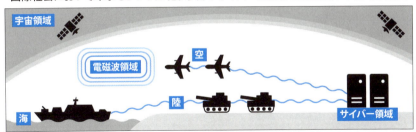

防衛の新領域

宇宙領域
「宇宙作戦群」が、宇宙ゴミ(スペースデブリ)を監視して人工衛星との衝突を防ぐ活動や、宇宙での情報収集などを実施

サイバー領域
自衛隊へのサイバー攻撃の脅威に対応するための「サイバー防衛隊」の増強が進む。民間企業や米軍との連携など、総合的施策を推進

電磁波領域
相手のレーダーを妨害するなどの電子攻撃、電磁波を無力化する電子防護、電波を分析するなどの電子戦支援、これらの電子戦能力の強化

■ロシアによるウクライナ侵攻における新しい戦い方

・大規模なミサイル攻撃
侵攻後約1年間でロシアからウクライナに撃ち込まれたミサイルは5000発以上。

・無人ドローンなど多様な無人機による攻撃

・情報戦
フェイクニュースにより市民の混乱を招いたり、敵の情報を速やかに察知しリアルタイムで共有するなど。

■防衛力の抜本的強化

侵攻を抑止するため「反撃能力」を保有

「スタンド・オフ防衛能力」など
安全な距離から相手部隊に撃ち込む長射程ミサイルの保有など、対処能力の強化。

■主要国の国防費(2022年度)

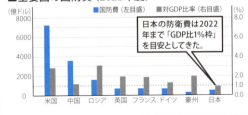

日本の防衛費は2022年まで「GDP比1%枠」を目安としてきた。

防衛費
2023年度:6兆7880億円 GDP比1%超え

2023～27年度 5年間で43兆円
増額分の財源

| 歳出改革 | 決算剰余金の活用 | 防衛力強化資金 | 増税 |

23年6月成立の防衛力強化財源確保特別措置法で定められた税金以外から確保する資金

出所:防衛省「なぜ、いま防衛力の抜本的強化が必要なのか」を参考に作成

防衛3文書に「反撃能力」の保有を明記

発射の頻度を増す北朝鮮のミサイルは飛距離を伸ばし、中国は南シナ海で軍事拠点を整備、ロシアは隣国ウクライナに侵攻、択捉島などには地対艦ミサイルを配備。こうした状況を背景に、岸田首相は、防衛3文書の閣議決定に際し「安全保障の諸課題に対する答えを出させていただいた」と話した。防衛3文書にはこれまで議論を重ねてきた、相手のミサイル攻撃に対処するため発射基地などをたたく「反撃能力(敵基地攻撃能力)」の保有が明記された。

宇宙、サイバー、電磁波領域と軍事領域は拡大し、軍事科学技術の発達による新しい戦い方も出てきている。安全保障と財源など、様々なことが課題となっている。

関連キーワード　**台湾有事**:台湾統一を目指す中国による、台湾への軍事侵攻のこと。習近平国家主席は台湾統一を「必ず実現できる」と話している。22年8月に米国ペロシ下院議長が台湾を訪れた際、中国が反発し弾道ミサイルを発射。日本の排他的経済水域(EEZ)内にも落下した。

34 マイナンバーカードのトラブルとマイナ保険証

- ▶ 2024年秋をめどにマイナ保険証に一体化
- ▶ マイナンバーカード、マイナ保険証の使用による情報漏えい発生
- ▶ 政府はマイナ保険証を持たない人に「資格確認書」を交付予定

トラブル内容とマイナ保険証のメリット

マイナンバー（個人番号）制度の目的

公平・公正な社会の実現	国民の利便性の向上	行政の効率化
▶不正な受給などを防止	▶行政手続きの簡素化	▶共通番号化でコスト軽減

マイナンバーカード
マイナンバーを証明するカード。本人確認に利用でき、行政手続きのオンライン申請などが可能。

■マイナンバーカードを巡る主なトラブル

コンビニでの証明書の誤交付	マイナ保険証に別人の情報をひも付け	公金受取口座の誤登録	他人の情報の閲覧
コンビニ交付サービスでシステムの不具合により別人の住民票などを交付。	マイナンバーをひも付けする際に、基本情報である漢字氏名、生年月日などをしっかり確認せずにひも付け。	公的給付金の受取口座として、本人でない家族名義の口座をひも付けたケースが、約13万件。別人の口座とのひも付けは748件。	マイナンバーカードとのひも付けの誤りにより、「マイナポータル」で他人の年金情報や投薬情報が閲覧された。

情報のひも付け新ルールは「漢字氏名」「生年月日」「性別」「住所」に加え「カナ氏名」

デジタル庁が総点検本部を設置し、ひも付けデータなどを総点検

2024年秋をめどに現行の保険証を廃止、マイナ保険証に一体化

廃止後1年間は現行の保険証が利用できる経過措置

■マイナ保険証のメリット

マイナ保険証
投薬の履歴
特定健診情報
総合的な診断
重複の投薬を回避
情報等の提供に同意

病院窓口で限度額以上の医療費の一時払い不要（限度額適用認定証の手続き不要）。

マイナポータルとe-Taxの連携で医療費控除の確定申告が簡易に。

マイナ保険証を持たない人

「資格確認書」交付
- ●有効期限は5年
  ※期限内で加入の健康保険組合が期間を設定
- ●マイナ保険証利用よりも受診料が高くなる

出所：厚生労働省、総務省、デジタル庁のウェブサイトを参考に作成

マイナンバーカードの普及を一気に進める

2016年1月から運用が始まったマイナンバー制度。本人の申請により交付される「マイナンバーカード」と、年金や健康保険など様々な公的機関のサービスをつなぐことで、行政の効率化、簡素化になっている。しかし、カードの普及は進まず、政府は、普及を一気に進めるため23年6月、健康保険証を廃止し、マイナンバーカードと一体化するようマイナンバー法や医療保険各法の一部を改正し、公布した。

そうした中、マイナンバーカードの利用を巡って個人情報の漏えいトラブルが相次いだ。原因は、情報のひも付け作業において個人情報の確認が徹底されていなかったことだった。情報のひも付けの新ルールを作り、デジタル庁がマイナンバーカードの総点検を進めている。マイナンバーカードを自主返上するなど批判が相次いだが、政府は健康保険証との一体化は予定通り実施するとした。24年秋頃には、マイナ保険証の保持が事実上義務化となる。マイナ保険証を持たない場合は、「資格確認書」を交付する。

今後も、運転免許証とマイナンバーカードの一体化などを予定している。

35 農林水産物の輸出拡大と食料自給率

ポイント
- ▶農林水産物・食品の輸出額が10年連続増加
- ▶輸出拡大に向け、輸出重点品目29品目を選定、品目団体認定制度も
- ▶カロリーベースの食料自給率が低い問題も

輸出拡大に動くも、中国が全面停止

日本の農林水産物・食品の輸出額が2021年に初めて1兆円を超え、22年は過去最高の1兆4148億円、10年連続の増加となった。品目別の輸出額は、前年比21.4％増となったアルコール飲料（1,392億円）がトップで、日本産ウイスキーの人気を反映している。2位は同42.4％増のホタテ貝（生鮮・冷凍など／911億円）、3位は輸出額は同4.0％減にはなったが牛肉（520億円）だった。

政府は、2025年に輸出額2兆円を目標に、輸出重点品目を定め、海外市場での広報活動などを支援する。

11年の東電福島第一原発の事故により、福島県産の水産物や農産物の一部に放射性物質の検査証明書の提出等を義務付けていたEU（欧州連合）が、23年8月に規制を撤廃。輸出拡大への期待が広がった。一方、23年8月の福島第一原発の処理水の海洋放出（テーマ83参照）に中国が抗議、日本の水産物輸入を全面停止すると発表した。水産物の主力輸出品ともいえるホタテ貝の輸出先トップが中国だけに食料自給率が低い日本国内での消費を呼び掛ける声も上がっている。

36 デジタル田園都市国家構想

★★★

ポイント
- デジタルを活用した地方活性化に向けた政府の取り組み
- 地方の様々な社会課題を解決しながら地方の個性を生かす
- 「新しい資本主義」の重点投資分野の1つ

デジタル田園都市国家構想の概要

出所：内閣官房デジタル「田園都市国家構想基本方針（案）」、ウェブサイトを参考に作成

日本の市町村の半分以上が過疎状態

2022年4月の総務省の調査によると日本の全市町村1718のうちの約半分の885市町村が、中長期的な人口減少や財政難になるなどの過疎状態にある。デジタル田園都市国家構想は、こうした地方の課題をデジタル技術で解消し、暮らしやすさの実現と地方への人の流れを作り、活性化させることを目指している。

デジタルインフラの整備で、都市部と変わらない教育や医療が受けられたり、買い物の不便さを自動運転車やドローンで解消したりする。全国でデジタル化を推進し、ビッグデータ集積による新事業創出にも期待。22年度からは地方のデジタル化を担うデジタル人材を育成。デジタル弱者を支援するデジタル推進委員2万人を全国に配置する。

政府はデジタル田園都市国家構想の実現に向け、23年度から27年度までの5か年の評価指標とロードマップ（工程表）として「デジタル田園都市国家構想総合戦略」を策定。地方は、地域の課題を踏まえ魅力を生かした地域ビジョンを掲げた「地方版総合戦略」の策定に努める。

37 改正道路交通法−自動運転、電動キックボード

ポイント
- 自動運転レベル4の「特定自動運行の許可制度」開始
- 福井県永平寺町で「全国初レベル4」自動運転移動サービス開始
- 一定の要件の下、電動キックボードの免許が不要に

自動運転レベル4と2023年施行の改正道路交通法の主な内容

「自動運転」の主な意義：交通事故の削減／高齢者等の移動支援／ドライバー不足への対応

■自動運転の5段階

ドライバーによる監視	レベル1 フット・フリー	運転支援 1方向だけの運転支援	国産の新型車に自動ブレーキの義務化
	レベル2 ハンズ・フリー	高度な運転支援 縦・横方向の運転支援(自動の追い越し等)	日産「セレナ」やトヨタ「MIRAI」にレベル2相当の機能を搭載
	レベル3 アイズ・フリー	特定条件下における自動運転 条件外ではドライバーが対応	ホンダ「レジェンド」にレベル3相当の機能を搭載
システムによる監視	レベル4 ドライバーフリー	特定条件下における完全自動運転 特定の条件下においてシステムが全ての運転タスクを実施	23年4月1日にレベル4の運行許可制度を盛り込んだ改正道路交通法を施行
	レベル5	完全自動運転 全ての運転タスクを実施。人は関与しない	2030年をめどに実用化

電動キックボード
2023年7月1日から新ルール

一定の要件を満たせば運転免許不要に(特定小型原動機付自転車に区分)
- 年齢：16歳以上
- ヘルメット：努力義務
- 速度：時速20キロ以下
- 違反・事故：切符・罰則の対象
- 保険：自動車損害賠償責任保険の加入義務 など

車体：長さ190センチ以下、幅60センチ以下、ナンバープレート取り付け

自動配送ロボット
(遠隔操作型小型車)
事前届出により公道走行が可能。

■レベル4相当 無人車両の「特定自動運行の許可制度」のイメージ

特定自動運行実施者 ⇄ 申請/許可 ⇄ 都道府県公安委員会 → 配置 → 監視所 特定自動運行主任者 → 遠隔監視 → 自動運行装置

遠隔監視ではなく特定自動運行主任者の車内配置でも可。

出所：国土交通省「自動運転に関する取組進捗状況について」「特定自動運行に係る許可制度の創設について」を参考に作成

人口の少ない地域で活用

改正道路交通法が2022年4月に成立し、23年4月から、自動運転「レベル4」の公道での走行を許可する制度が始まった。レベル4は特定条件下でシステムが全てのタスクを実施する「完全自動運転」となる。都道府県の公安委員会に特定自動運行計画を提出し許可を取り、特定自動運行主任者の遠隔監視の下、自動運転システムが作動する公道を走行することができる。人口が少なく、バスの運転者確保などが難しい地域での活用が見込まれている。福井県永平寺町では23年5月に、全国初の公道でのレベル4運行が始まった。

自動配送ロボット(遠隔操作型小型車)も、自動配送サービスの実現を目指し、事前届出により車体の大きさが内閣府令の基準に該当する場合、公道走行が可能となった。

電動キックボードは23年7月1日から、一定の要件を満たせば特定小型原動機付自転車扱いとなり、16歳以上は免許不要となった。最高速度は時速20km、ヘルメットの着用は努力義務となる。電動キックボードでは死亡事故を含む深刻な人身事故が複数発生しており、新ルールへの懸念も広がっている。

38 ジェンダーギャップと女性活躍推進法

▶ジェンダーギャップとは男女の違いによって生じている格差のこと。日本のジェンダーギャップ指数は過去最低
▶女性活躍推進法により女性登用状況の「見える化」を図る

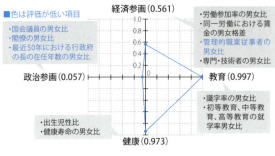

日本のジェンダーギャップ

ジェンダーギャップ指数スコア　日本は125位／146カ国中

■色は評価が低い項目

経済参画(0.561)
・労働参加率の男女比
・同一労働における賃金の男女格差
・管理的職業従事者の男女比
・専門・技術者の男女比

政治参画(0.057)
・国会議員の男女比
・閣僚の男女比
・最近50年における行政府の長の在任年数の男女比

教育(0.997)
・識字率の男女比
・初等教育、中等教育、高等教育の就学率男女比

健康(0.973)
・出生児性比
・健康寿命の男女比

■ジェンダーギャップ指数ランキング（2023年6月発表）

順位	国・地域名	指数
1	アイスランド	0.912
2	ノルウェー	0.879
3	フィンランド	0.863
4	ニュージーランド	0.856
5	スウェーデン	0.815
6	ドイツ	0.815
15	英国	0.792
30	カナダ	0.770
40	フランス	0.756
43	アメリカ	0.748
79	イタリア	0.705
125	日本	0.647

■女性国会議員の比率　衆議院 10.3%　参議院 23.1%
■女性役員の割合 9.1%　政府目標は2030年までに30%!

※衆議院・参議院のウェブサイトより（2023年9月現在）

女性の登用状況　データ公表のイメージ

	女性労働者の割合	男女別の育児休業取得率	管理職に占める女性労働者の割合	役員に占める女性の割合	男女の賃金の差異		
					全労働者	正社員	パート・有期社員
○×会社	45%	男性3.5% 女性100%	10.0%	1.0%	80.0%	85.0%	75.0%

課題
・行動計画が未達成でも罰則規定がない
・公表データと実態が異なることもある

「採用」「評価・登用」などに関する定められた項目から、企業規模によって1項目または2項目以上の公表が求められている

賃金の男女間格差
22年7月から男女の賃金格差の開示を義務付け（従業員301人以上）

出所：(上図)内閣府男女共同参画局「女性活躍・男女共同参画の現状と課題」、(下図)厚生労働省「女性の活躍推進企業データベース」を参考に作成

ジェンダー平等は日本の優先課題

　ジェンダーギャップとは、男女間の格差のことで、ジェンダー平等は世界で取り組むべきテーマとなっている。世界経済フォーラムが毎年、男女の格差を数値化したジェンダーギャップ指数を発表。日本は146カ国中125位と、過去最低となった。「教育」は47位、「健康」は59位だったが、国会議員に占める女性の割合などを評価する「政治参画」が138位、労働参加率の男女比などを評価する「経済参画」が123位だった。政府は、2020年12月に閣議決定した「第5次男女共同参画基本計画」で、衆議院議員、参議院議員の各候補者に占める女性の割合を35%とする目標を掲げた。また、「女性版骨太の方針（女性活躍・男女共同参画の重点方針）2023」には、東証プライム市場の上場企業を対象に、女性役員比率を30年までに30%以上とするなどの目標を盛り込んでいる。

　女性の登用状況や賃金の男女格差などについては、女性活躍推進法により、開示を義務付けられている。

39 成人年齢引き下げ ★★

- 改正民法により、成人年齢が20歳から18歳に引き下げられた
- 飲酒、喫煙、公営ギャンブルは満20歳以上を維持

成人年齢引き下げによる変化

18歳からできるようになること	20歳のまま	20歳のまま＋特例規定
● 親の同意なしにクレジットカードやローンの契約 ● 結婚（男女で年齢統一） ● 10年有効のパスポートの取得 ● 性別変更請求 ● 公認会計士や司法書士の資格取得	● 飲酒・喫煙 ● 競馬・競輪などの公営ギャンブル ● 養子をとる	● 少年法の適用年齢 適用年齢を20歳未満とし、18～19歳は「特定少年」として特例規定を設定、犯罪の一部を厳罰化する。特定少年は起訴された段階で実名報道を解禁

改正少年法で18～19歳は厳罰化の対象

明治時代以降、満20歳とされてきた成人の定義が見直され、「18歳以上」とする改正民法が2022年4月から施行。18歳から10年有効のパスポートが取得可能になるなどのメリットがある一方、クレジットカードやローンの契約が親権者の承諾なしでできることによるトラブルの懸念もある。また、22年4月施行の改正少年法では、18～19歳は特定少年として厳罰化の対象となる。

40 一票の格差問題 ★

- 住む場所によって一票の価値に大きな差がある問題
- 衆院小選挙区の数を「10増10減」する公職選挙法が成立

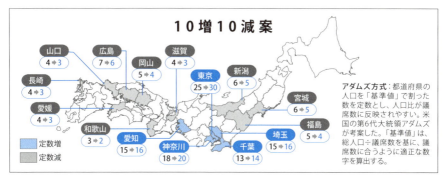

「一票の格差」是正するための改革

選挙区間の議員一人あたりの有権者数の格差を「一票の格差」という。2014年衆院選の1票の格差が2.13倍になったことを最高裁は「違憲状態」と判断。格差是正に向け、16年成立の衆院選挙制度改革関連法で、20年国勢調査の結果に基づいた「アダムズ方式」で小選挙区数を配分することとした。22年11月には、衆院小選挙区の数を「10増10減」する改正公職選挙法が成立、公布となった。

第 3 章 国内政治	確認ドリル

カッコ内に入る言葉を答えよ。

1 経済的格差など、新自由主義の弊害の解消を目指した岸田政権の看板政策を（　　　）主義という。

2 少子化や児童虐待など、子どもを巡る問題を解決するために 2023 年 4 月に発足した組織を（　　　）という。

3 大人が担うと想定される家事や家族の世話、介護などを日常的に行っている 18 歳未満の子どものことを（　　　）という。

4 日本の北方四島とは、歯舞群島、色丹島、国後島、（　　　）である。

5 政府は 2022 年 12 月、防衛費の大幅な増額や反撃能力の保有などを盛り込み、戦後の安全保障政策を大きく転換する（　　　）を閣議決定した。

6 政府は 2024 年秋頃までに、マイナンバーカードと（　　　）との一体化を目指している。

7 2021 年に農林水産物・食品の輸出額が初めて（　　　）円を超えた。

8 電動キックボードは 2023 年 7 月 1 日から、一定の要件を満たせば特定小型原動機付自転車となり、（　　　）歳以上は免許不要になった。

9 世界経済フォーラムが毎年発表している、男女の格差を数値化した指数を（　　　）といい、2023 年 6 月に発表されたランキングでは日本は 146 カ国中 125 位と過去最低だった。

10 民法が改正され、成人年齢は 2022 年 4 月に「満 20 歳」から「満（　　　）歳」へ引き下げられた。

【解答】 1. 新しい資本　2. こども家庭庁　3. ヤングケアラー　4. 択捉島　5. 防衛 3 文書
6. 健康保険証　7. 1 兆　8. 16　9. ジェンダーギャップ指数　10. 18

第 4 章

日本経済

「インバウンド消費」や「家計金融資産」といった
旬のテーマのほか、社会保険や年金など、
知っておきたい基本的な制度を紹介。

41 国家予算

▶国家予算とは国の歳入（収入）と歳出（支出）の計画
▶国の基本的な行政に必要な歳入・歳出を管理するのが一般会計。2023年度は約114兆円

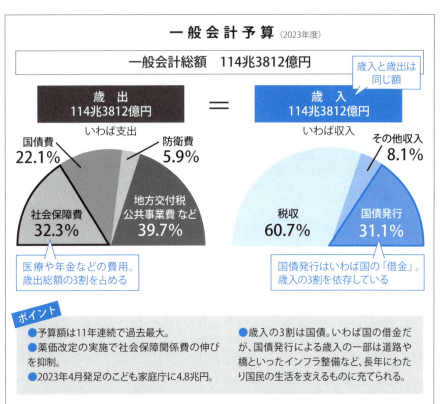

一般会計予算（2023年度）

一般会計総額　114兆3812億円

歳出 114兆3812億円　いわば支出
歳入 114兆3812億円　いわば収入
歳入と歳出は同じ額

歳出：
- 国債費 22.1%
- 防衛費 5.9%
- 社会保障費 32.3%
- 地方交付税 公共事業費 など 39.7%

医療や年金などの費用。歳出総額の3割を占める

歳入：
- その他収入 8.1%
- 税収 60.7%
- 国債発行 31.1%

国債発行はいわば国の「借金」。歳入の3割を依存している

ポイント
- 予算額は11年連続で過去最大。
- 薬価改定の実施で社会保障関係費の伸びを抑制。
- 2023年4月発足のこども家庭庁に4.8兆円。
- 歳入の3割は国債。いわば国の借金だが、国債発行による歳入の一部は道路や橋といったインフラ整備など、長年にわたり国民の生活を支えるものに充てられる。

出所：財務省「令和5年度予算のポイント」を参考に作成

11年連続で過去最大を更新

2023年3月に成立した一般会計予算の歳出額は、11年連続で最大を更新し、約114兆円となった。全体の3割を占める社会保障費36兆8889億円、現在の安全保障環境を踏まえて過去最大となった防衛費6兆7880億円、新型コロナウイルス感染症および原油価格・物価高騰対策予備費4兆円、ウクライナ情勢経済緊急対応予備費1兆円などが計上された。膨張する社会保障費は、薬価改定や高齢者医療などの改革で自然増を抑え、出産一時金の引き上げ、妊婦や子育て家庭への経済的支援などを盛り込んだ。防衛費は対前年度1.4兆円増と大幅に額を増やし、防衛力の抜本的強化を図る。23年4月に発足したこども家庭庁は4.8兆円規模の予算、23年5月に開催した

地方交付税：本来地方の税収とするべきものを国税として国が徴収し、再配分するもの。全ての地方公共団体が一定の水準を維持できるようにするという目的がある。一部の地方では税収が少なく、地方交付税への依存度が高いことが問題となっている。

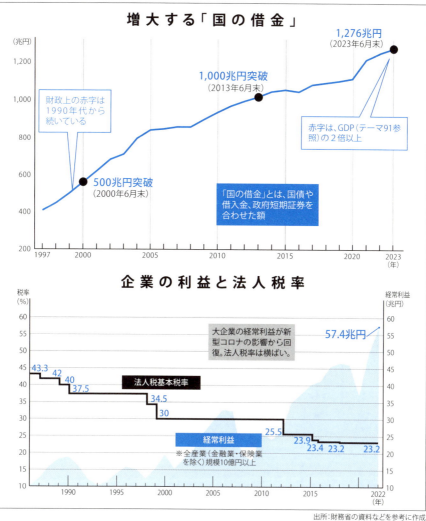

出所:財務省の資料などを参考に作成

G7広島サミットや日本ASEAN友好協力50周年関連費用7560億円（22年度補正と合わせて1兆233億円）なども計上。カーボンニュートラル目標達成に向けた革新的な技術開発やクリーンエネルギー自動車の導入などに0.5兆円、科学技術立国を目指して量子技術やAI（人工知能）などの研究開発費1兆3942億円も盛り込まれた。

| 税収は過去最大

一方、歳入のうち6割を占める税収は、コロナ禍からの回復が見られ企業業績が上向いたこと、物価の高騰により消費税収も増え、過去最高の69兆4400億円となった。新規国債は35兆6230億円で前年度同様3割を占め、23年度の一般会計予算は3割以上を借金（国債）に頼りながらの成立だった。

 関連キーワード

オープンイノベーション促進税制：2024年度末までに、大企業が設立10年未満の非上場の新興企業（スタートアップ企業など）に1億円以上出資すれば、出資額の25%を課税所得から控除できる。従来の新規出資型に加え、23年4月1日以降M&A型が新設された。

42 社会保険 ★★

- ▶国民の生活を保障する公的保険のことで年金、医療、雇用、労災、介護の保険制度がある
- ▶高齢化の影響で、年金・医療・介護等での費用が増加

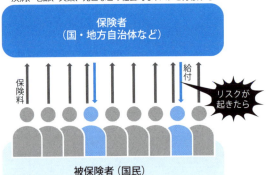

保障方法からみた社会保障の体系

社会保険
国民の生活を保障する公的保険。
（年金保険・医療保険・介護保険など）

公的扶助
生活困窮者に対し、国や地方自治体が最低限の生活保障をするための経済的援助。
（生活保護）

社会福祉
障害者や児童、高齢者など特別に援助を必要とする人々に対する支援。
（障害者福祉、児童手当、高齢者福祉など）

公衆衛生
地域で疾病などを予防し、生命を延長し、身体的・精神的機能の増進を図る。
（結核・感染症施策、予防接種など）

社会保険のしくみ

疾病、老齢、失業、死亡などの社会的なリスクを分散する

保険者（国・地方自治体など）
保険料 / 給付 / リスクが起きたら
被保険者（国民）

社会保険の種類

年金保険
年金給付には、老齢年金、障害年金、遺族年金がある。

医療保険
健康保険などの職域保険と国民健康保険などの地域保険に分かれる。

介護保険
要介護度により、介護保険から給付される支給上限額が異なる。

労災保険
労働者の業務災害または通勤災害に対し生活費などが支給される。

雇用保険
失業者への給付、教育訓練給付など。

社会保険のしくみ

社会保障の目的は、疾病・老齢・要介護・出産・失業・死亡などの場合に一定の保障を行い、国民生活の安定を図ること。わが国の社会保障は、社会保険、公的扶助、社会福祉、公衆衛生から構成されている。このうちの社会保険とは、国などが保険という方法で保険料の拠出を条件にリスクが発生したときに給付を行う社会保障の中心的な制度である。社会保険には、年金・医療・労災・雇用の各保険制度と2000年4月から実施された介護保険がある。

急増する社会保障給付費

社会保障給付費は、高齢化の進展に伴い、年金・医療・介護などでの費用を中心に急増し、2021年度には138兆7433億円となった。

サービス付き高齢者向け住宅（サ高住）：主に民間が運営するバリアフリー対応の賃貸住宅を指すが、一部に国の指定を受けた介護型もある。国は2025年までにサ高住を含む高齢者住宅の割合を4％（146万戸）に増やす目標を立て、補助金を出すなど支援している。

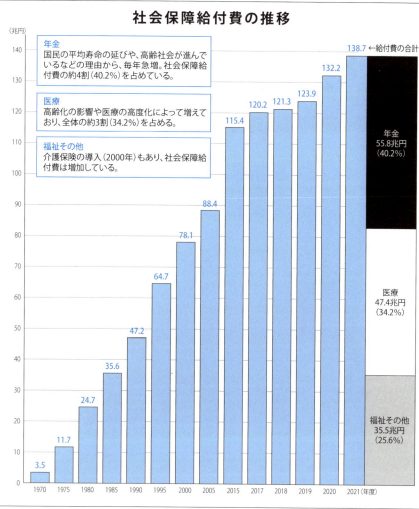

出所：国立社会保障・人口問題研究所「社会保障費用統計」を参考に作成

　社会保障給付費の内訳は、年金が55兆8151億円と約4割（40.2％）を占め、次いで医療47兆4205億円（34.2％）となっている。

　社会保障給付費のうち、高齢者関係給付費（年金保険給付費、高齢者医療給付費、老人福祉サービス給付費及び高年齢雇用継続給付費）が占める割合は、138兆7433億円のうち83兆4322億円で60.1％だった。

　2025年には団塊の世代が75歳以上になり、社会保障費の拡大が見込まれる。医療費を抑えるため22年10月から、一定の所得がある後期高齢者（75歳以上）の医療費窓口負担が1割から2割に引き上げられた。持続可能な制度の構築が急がれ、政府は2040年頃を展望した社会保障改革を議論している。

 関連キーワード　**社会保障給付費**：社会保険（年金保険、医療保険など）や公的扶助、社会福祉事業などによって行われる社会保障制度に要する費用をILO（国際労働機関）の定めた基準に基づいて計算したものである。

43 年金制度

- ▶公的年金は国が社会保障の一環として行うもので65歳から給付が受けられる
- ▶20歳以上60歳以下の人は全員、国民年金に加入

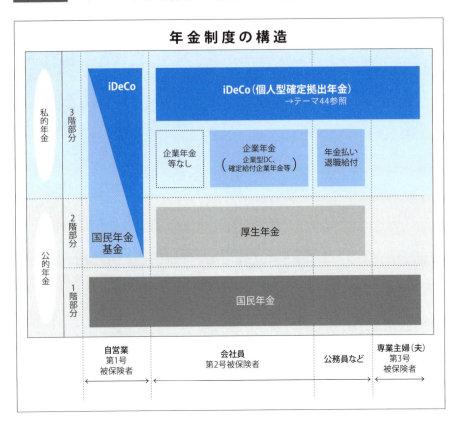

年金制度の体系

　わが国の年金制度は、20歳以上60歳未満の全国民が加入し、65歳以上の高齢期となれば年金の給付を受けられる。基礎年金である「国民年金」（1階部分）と、基礎年金の上乗せとして報酬比例年金となる会社員などの「厚生年金保険」からなる（2階部分）。さらに、個人や企業の選択で、自営業者などに対する基礎年金の上乗せ年金として「国民年金基金」や「個人型の確定拠出年金」があり、厚生年金の上乗せ年金としては「厚生年金基金」などがある（3階部分）。

年金制度の課題と法改正

　公的年金制度は、現役世代の保険料によって今の高齢者を支える世代間扶養の考えで成り立っている。少子高齢化が進み、年金受給

関連キーワード

第3号被保険者：国民年金は全国民が加入するが、職業によって加入形態が異なる。自営業者・無職者・学生などの第1号被保険者、会社員・公務員の第2号被保険者に対し、会社員・公務員の配偶者（専業主婦・夫）は、第3号被保険者となる。

公的年金制度の歴史

年	主な事柄
1942	労働者年金保険法の発足（1944年　厚生年金保険法に改称）
1954	厚生年金保険法の全面改正
1961	国民年金法の全面施行（国民皆年金）
1973	物価スライド制の導入、標準報酬の再評価（賃金スライド）など
1985	基礎年金の導入（1986年～実施）、給付水準の適正化など
2004	次世代育成支援の拡充、離婚時の厚生年金の分割、保険料水準固定方式の導入など
2017	老齢年金受給に必要な資格期間を25年から10年に短縮など
2020	年金制度改正法が成立。22年度から年金受給開始年齢の選択が75歳まで拡大

1960年代（高度成長期）に全国民が対象となる国民皆年金の制度が作られた

公的年金の給付と負担

年金扶養比率：保険料を負担する加入者数を年金の受給権者数で割った数値（図は国民年金）

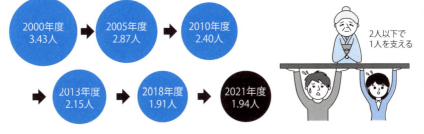

2000年度 3.43人 → 2005年度 2.87人 → 2010年度 2.40人 → 2013年度 2.15人 → 2018年度 1.91人 → 2021年度 1.94人

2人以下で1人を支える

公的年金制度のおもな課題

世代間の不公平感	少子高齢化が進行するにつれ、世代間の不公平感が拡大
非正規雇用者の増加	非正規雇用者や低賃金の就労者が、年金保険料を支払えない
年金制度自体への不信・不安	制度が破たんするのではないかという不安感の広がり。制度の分かりにくさ。官民格差

出所：厚生労働省「公的年金財政状況報告」を参考に作成

者である高齢者を支える若い世代が減少していることから、今後さらに現役世代への負担が重くなると推測される。2020年5月、年金制度の機能強化を目指して年金制度改正法が成立、22年4月に施行された（一部除く）。ポイントは、60歳以降働きながら年金を受け取る在職老齢年金の見直しや、公的年金の受け取り開始時期の上限を75歳までに引き上げ（選択期間は15年）、確定拠出年金の加入条件緩和など。加入や受け取りについて、個人の選択肢が増えた。

また、被用者保険の適用も拡大し、22年10月からは週20時間以上30時間未満の短時間労働者の厚生年金加入の適用対象企業規模を従業員100人超とし、24年10月からは50人超に広がる。

 2019年8月に厚生労働省が、公的年金制度の「財政検証」を公表した。現状の水準（60歳まで働き、65歳から受給）の年金を、20歳の人がもらうには、68歳（9カ月）まで働かなければならないという試算（成長率が横ばいの場合）もあった。

44 iDeCo

- 公的年金に上乗せして給付を受ける私的年金の1つ
- 確定拠出年金のうち個人型の年金で、所得控除の対象
- 20歳以上、65歳未満の全ての人が原則加入可能

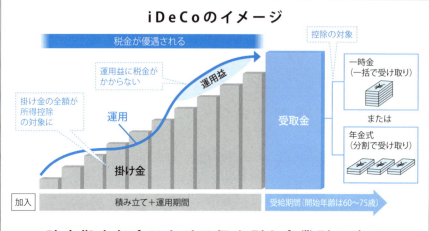

確定拠出年金における個人型と企業型の違い

個人型		企業型
自分の意思で加入	加入	会社が退職金制度として導入している場合に加入
299.4万人（23年6月時点）	加入者数	782.7万人（22年3月末時点）
自分が負担	掛け金	会社が負担
自分の口座から振替	納付方法	会社から納付
自分が契約する金融機関で用意している商品から選ぶ	運用商品	会社が用意する商品から選ぶ
自分が選択	金融機関の選択	会社が選択
自分が負担	口座管理料	会社負担のケースが多い

2022年10月から企業型の加入者は原則個人型も併用して加入することが可能。

個人型確定拠出年金

　iDeCoは、国民年金（1階部分）、厚生年金（2階部分）などの公的年金に上乗せして給付を受ける私的年金（3階部分）の1つ。私的年金とは、自らの意思で積み立てする民間団体による年金のこと。従来は自営業者（第1号被保険者）や企業年金のない会社員のみを加入対象としていたが、現在は、20歳から65歳未満の全ての人が原則加入可能になっている。

　掛け金は月額5000円以上で、1000円単位で増額できるが、職業によって限度額が異なる。60歳未満での解約はできず、積み立て資産が受け取れるのは60歳からとなる（受給開始年齢の上限は75歳）。運用成績により受取額が変動するリスクはあるが、掛け金全額が所得控除され、運用益も非課税だ。

　2016年12月時点で30.6万人だった加入者数は、23年6月時点で229.4万人にまで増えている。

　政府は貯蓄を投資に向ける「資産所得倍増プラン」を掲げ、iDeCoやNISA（少額投資非課税制度）の制度改革を進めており、さらに加入者を増やす計画だ。

45 インバウンド消費

- ▶訪日外国人によるインバウンド消費が急回復
- ▶政府目標は、1人あたりの消費額 20 万円、年間総額 5 兆円
- ▶観光産業の人手不足やデジタル化の遅れなどの課題も

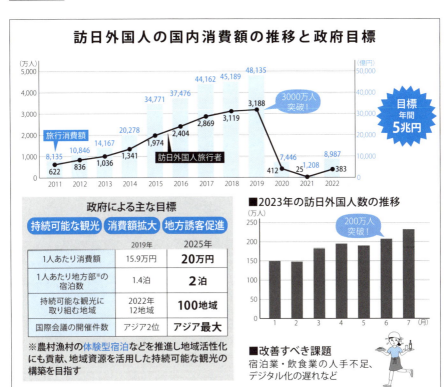

持続可能な観光を目指す

インバウンド消費とは訪日外国人による日本国内の消費のことをいい、政府が水際対策を緩和した 2022 年 10 月から急回復している。新型コロナの 5 類移行後の 23 年 6 月には訪日外国人が 200 万人を突破、インバウンド消費は 4〜6 月で 1 兆 2052 億円と、19 年同期比 95.1%となった。

2023 年 3 月には「観光立国推進基本計画」（23〜25 年）が閣議決定、6 年ぶりの改訂となった同計画では、「持続可能な観光」「消費額拡大」「地方誘客促進」をキーワードとして掲げた。世界各地で旅行者の増加による渋滞や騒音などのオーバーツーリズム（観光公害）が問題となるなか、環境や社会・文化などに配慮した持続可能な観光（サステナブル・ツーリズム）の取り組みや、地域資源を生かした地方での体験・滞在型旅行などを促進。旅行者数ではなく「質」に重きを置き、滞在日数の増加による消費額の拡大などを目指した施策を進めている。

一方で、コロナ禍以前より続く観光関連業の人手不足やデジタル化の遅れなどを、喫緊の課題としている。

46 家計金融資産と新しいNISA

- ▶日本の各世帯が保有する金融資産は2000兆円超え
- ▶金融資産の半分以上を現金・預金で保有
- ▶「貯蓄から投資へ」、政府はNISAの非課税限度額を引き上げ

家計金融資産の残高と新しいNISAの概要

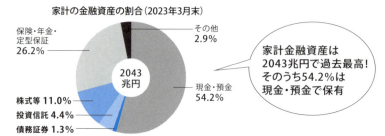

家計の金融資産の割合（2023年3月末）

- 保険・年金・定型保証 26.2%
- その他 2.9%
- 現金・預金 54.2%
- 株式等 11.0%
- 投資信託 4.4%
- 債務証券 1.3%

2043兆円

家計金融資産は2043兆円で過去最高！そのうち54.2%は現金・預金で保有

現金・預金を投資へ！

併用が可能

	つみたて投資枠		成長投資枠	
	〜2023年末	新 2024年〜	〜2023年末	新 2024年〜
年間投資枠	40万円	120万円	120万円	240万円
非課税保有期間	20年間	無期限化	5年間	無期限化
非課税保有限度額（総枠）	800万円	1800万円（※1）	600万円	1800万円（※1）／1200万円（内数）
口座開設期間	2023年まで	恒久化	2023年まで	恒久化
投資対象商品	長期の積立・分散投資に適した一定の投資信託	同左（変更なし）	上場株式・投資信託等	上場株式・投資信託等（※2）
対象年齢	18歳以上			

※1. つみたて投資枠と成長投資枠の合算です。簿価残高方式で管理（枠の再利用が可能）／※2. 整理・監理銘柄や、一部の投資信託およびデリバティブ取引を用いた一定の投資信託等を除外

出所：金融庁「2023年第1四半期の資金循環（速報）」などのウェブサイトを基に作成

少額から投資が可能

日本の各世帯が保有する家計金融資産が2023年3月末時点で2043兆円に達した。家計金融資産は、「現金・預金」「債務証券」「投資信託」「株式等」「保険・年金・定型保証」「その他」に分けられているが、最も多いのが「現金・預金」での保有で約54%を占める。投資は、債務証券、投資信託、株式等でわずか16%だ。岸田政権は「資産所得倍増プラン」を掲げ、この家計にとどまる現預金約1100兆円を投資に向けさせて市場を活性化し、個人の所得も増やすことを目指している。

投資の促進に向けて、24年から制度を拡充した新しい少額投資非課税制度（NISA）が始まる。NISAとは、少額から投資ができ、株式や投資信託等への投資から得られる配当金や分配金、譲渡益が非課税となる制度で、「つみたてNISA」と「一般NISA」の2つの種類がある。これまではどちらか一方しか利用できなかったが、24年からは併用が可能。また、非課税保有期間や口座開設期間が決められていたが、前者は無期限化、後者は恒久化となる。年間投資枠、非課税保有限度額も拡大している。

47 個人向け電子商取引（EC）

ポイント
- 日本国内の BtoC-EC（個人〈消費者〉向け電子商取引）の市場規模は、22.7兆円で堅実に伸張

旅行サービス、チケット販売が伸びる

■個人向け電子商取引（BtoC-EC）の市場規模（2022年）

年	サービス系分野	物販系分野	デジタル系分野	合計
2019年	71,672	100,515	21,422	19兆3609億円
2020年	45,832	122,333	24,614	19兆2779億円
2021年	46,424	132,865	27,661	20兆6950億円
2022年	61,477	139,997	25,974	22兆7449億円

分野	伸び率	分類
デジタル系分野	▲6.01%	電子書籍・電子雑誌/有料音楽配信/有料動画配信/オンラインゲーム/など
物販系分野	5.37%	食品、飲料/生活家電、AV機器、PC・周辺機器等/書籍、映像・音楽ソフト/化粧品、医薬品/雑貨、家具/衣類、服飾雑貨/など
サービス系分野	32.43%	旅行サービス/飲食サービス/チケット販売/金融サービス/理美容サービス/フードデリバリー/医療、教育/など

出所：経済産業省「電子商取引に関する市場調査」

オンラインゲームが減少

2022年の国内の個人向け電子商取引は22兆7449円で前年比9.91%増と、着実に拡大している。各商品の増減はコロナ禍からの回復を反映。物販系では、食品、飲料や化粧品、医薬品などが伸びた。サービス系ではチケット販売（前年比73.89%）、旅行サービス（同67.95%）が大きく増加。デジタル系では大きな割合を占めているオンラインゲームだが、前年比マイナス18.79%と落ち込んだ。

48 インボイス制度

ポイント
- 消費税額を適正に申告、納税するための制度
- 事業者間での売買には消費税額等を明記したインボイスを交付

インボイス制度のしくみ

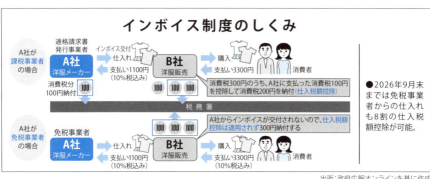

出所：政府広報オンラインを基に作成

事業者が仕入税額控除を受けるのに必要

2023年10月からインボイス制度が開始。インボイスとは取引した商品ごとに消費税の税率や税額が明記された請求書のことで、国に納める消費税額を計算するために使われる。取引先がインボイス登録を行った課税事業者の場合、インボイスが交付され、消費税の納付の際に仕入税額控除を受けることができる。免税事業者との取引では、インボイスが交付されないので、仕入税額控除が適用されない。

第4章 日本経済	# 確認ドリル

カッコ内に入る言葉を答えよ。

1 国の基本的な行政に必要な歳入・歳出を管理する一般会計の2023年度予算は約（　　　）兆円である。

2 2023年度の一般会計予算では、歳入の（　　　）割は国債である。

3 公的年金は、基礎年金である国民年金と、その上に会社員らが加入する（　　　）などによる複数の階層で成り立っている。

4 年金保険・医療保険・介護保険など国民の生活を保障する公的保険の総称を（　　　）という。

5 確定拠出年金には、企業型と（　　　）と呼ばれる個人型がある。

6 訪日外国人による日本国内での消費のことを、一般に（　　　）消費という。

7 日本の家計金融資産は2023年3月末時点で2043兆円に達した。このうち、最も多いのが現金・預金で全体の（　　　）％を占める。

8 2024年から年間投資枠を拡大する新しい少額投資非課税制度の通称を（　　　）という。

9 個人向け電子商取引市場は、新型コロナの影響によって一時的に下がった2020年を除いて拡大が続いている。2022年の市場規模は（　　　）兆円を超えている。

10 2023年10月から始まった、消費税額を適正に申告、納税するための制度を（　　　）という。

【解答】 1.114　2.3　3. 厚生年金　4. 社会保険　5. iDeCo（イデコ）　6. インバウンド　7.54　8.NISA　9.22　10.インボイス制度

第5章

業界・企業

業界・企業に関連した基礎的なテーマや話題を掲載した。
産業界の「今」を知り、「これから」を見通すためにも、
しっかり理解しよう。

49 企業合併・買収

- ▶企業合併・買収は、企業の経営戦略や海外直接投資の一つで、M&A（合併・買収）といわれる
- ▶近年、海外M&Aの動きが活発になっている

企業の合併・買収のイメージ

合併
A社 + B社 → 新社名
- 2つの企業が1つになる
- 新しい社名になる

買収
A社 + B社 → A社（B社は×）
- A社がB社の株式を保有（発行済株式の過半数を保有）
- 企業全体ではなく、一部の事業だけ買うこともある

企業合併・買収（M&A）のメリット・デメリット

メリット
- 業界内でのシェアを拡大
- 海外でのビジネス拡大
- 新しい技術の取り入れ
- 事業の多角化
- 既存ブランドや商品の獲得

デメリット
- 従業員の増大によるコスト増
- 企業文化の融合の難しさ
- 事業譲渡の手続きの煩雑さとコスト
- 事業計画の見直しが必要
- 企業の価値の算定の難しさ

企業戦略としてのM&A

　企業合併・買収は、企業の経営戦略や海外直接投資の一つで、M&A（Mergers & Acquisitions：合併・買収）といわれる。米国では、19世紀後半に株式会社が普及した後、19世紀末から20世紀にかけて多くのM&Aが起こり、大企業が次々と誕生した。M&Aを行う利点としては、既存企業を買うことで企業が大型化し、シナジー効果（相乗効果）が期待できる。また初めから事業を立ち上げるよりも時間がかからない。一方で、買収先との企業文化の違いやコスト増の問題から失敗したり、苦戦する場合もある。

　近年、グローバル化の進展に伴い、海外直接投資の重要性が高まり、海外の企業を買収する動きがますます活発になっている。

資本提携：企業同士が互いの株式を持ち合い、協力関係を強化すること。片方の企業のみが株式を持つこともある。経営支配権がない10%程度の株式を取得して、独立した関係を保つことが多い。経営が安定し、第三者からの買収防衛になるといったメリットがある。

日本企業の近年のM&Aなどの事例

企業名	業種	事例
第一生命保険	生命保険	2022年11月、ニュージーランドの生命保険会社のパートナーズ・グループ・ホールディングスを買収
ミネベアミツミ	部品メーカー	2023年1月、本田技研工業の子会社ホンダロックを買収
オリックス	リース	2023年1月、化粧品通販大手のディーエイチシー（DHC）の発行済株式の91.1％を取得し、子会社化
武田薬品工業	製薬	2023年2月、製薬スタートアップの米ニンバス・ラクシュミを買収
オリンパス	精密機械	2023年2月、韓国の消化器処置具メーカーのテウンメディカルの買収を発表
横浜ゴム	ゴム	2023年5月、産業車両用タイヤなどを手掛けるスウェーデンのトレルボルグ・ホイール・システムズ（TWS）を買収
NIPPON EXPRESSホールディングス	陸運	2023年5月、オーストリアの物流会社カーゴ・パートナー・グループの物流事業会社63社の株式を取得、子会社化
ゼンショー	フードサービス	2023年6月、米国や英国で寿司のテイクアウト店などを手掛けるスノーフォックス・トップコの買収を発表
塩野義製薬	製薬	2023年6月、抗菌薬の開発を手掛ける米キューペックス・バイオファーマの子会社化を発表
三井物産	総合商社	2023年6月、米化学品大手の子会社でオランダの機能性食品会社であるニュートリノバ・ネザーランズを買収すると発表
アステラス製薬	製薬	2023年7月、眼科領域に強みを持つ米バイオ医薬品企業のアイベリック・バイオを買収、子会社化
キリンホールディングス	食品	2023年8月、サプリメントなどを手掛けるオーストラリアの健康食品メーカーのブラックモアズを買収
セガサミーホールディングス	エンターテインメント	2023年8月、欧州の子会社がフィンランドのモバイルゲーム会社のロビオ・エンターテインメントを買収

　日本企業は、縮小する国内市場への危機感から海外企業のM&Aに向かっている。最近は、新興企業やバイオ、医療、ITなど成長性の高い事業に多額の資金を投じる例も増えている。

M&Aの主な手法、TOBとMBO

　M&Aの手法の1つ「TOB（株式公開買い付け）」は、企業の経営権取得などを目的として株の買い取りを希望する人が、買い付け期間、買い取り株数、価格を公表。不特定多数の株主から株式を買い取る。「MBO（経営陣による企業買収）」もM&Aの一形態で、経営陣が株主から株式を譲り受けたり、事業部門や子会社の経営を任された執行責任者らがベンチャーキャピタルなどの投資会社の資金支援を得たりして、親会社などから株式を取得し、独立する。

業務提携：企業がお互いの利益のために、資材調達・物流、技術開発、販売営業活動、人材交流など業務上の協力をすること。重複するような事業を業務提携することで、経費削減にもつながる。

50 企業の分類①

- ▶企業は製造業と非製造業に大別される
- ▶産業の裾野が広い自動車と電機は日本経済をけん引してきた
- ▶国内にはBtoBでの有力企業も多い

産業別のGDP構成比（名目）と「BtoC」「BtoB」企業 (2021年度)

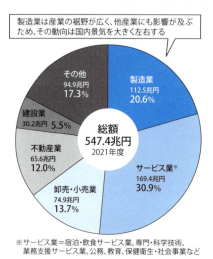

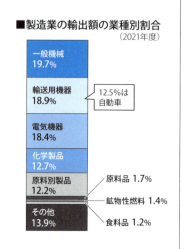

出所：(上図左) 経済産業省「2023年版ものづくり白書」、(上図右) 財務省「貿易統計」2021年度分を参考に作成

日本経済への影響が大きい製造業

　企業は原材料を加工して製品を生産する製造業と、それ以外の非製造業の大きく2つに分類できる。

　高い技術力を武器に積極的に海外にも市場を求め、これまで日本経済をけん引してきたのは自動車や電機に代表される製造業だ。製品の生産には原材料や機械設備などが不可欠で、製品の生産が増えると製品に関連する他の産業の生産活動にも影響が及ぶ。自動車や電機のように大量の原材料や部品、大規模な生産設備を必要とする製品ではこの傾向がさらに増す。製造業の動向が国内景気に与える影響が大きいのもこのためだ。

　商品別に輸出額を見ると、トップはやはり自動車（約10兆7308億円）で、全体の12.5%

内需型産業・外需型産業：建設・不動産、小売り、サービスなど国内市場を中心とする産業を内需型産業、自動車や電機のように海外市場との関係が密接な産業を外需型産業という。前者は国内の、後者は海外の景気動向に業績が左右されやすい。

企業の分類

業種・業界	企業例	業種・業界	企業例
製造業 自動車	トヨタ自動車（自動車） デンソー（自動車部品）	**非製造業** 流通・小売	セブン&アイ・ホールディングス（大手小売） 三菱商事（総合商社） 楽天グループ
電機	日立製作所（総合電機） パナソニックホールディングス（AV・家電）	専門店	ファーストリテイリング（アパレル） すかいらーくホールディングス（外食）
機械	ファナック（産業用ロボット） 小松製作所（建設機械）	サービス	NTTデータ（ITサービス） セコム（警備保障）
造船・プラント	三菱重工業（総合重機） 今治造船（造船）	情報通信	日本電信電話（NTT）（通信） JCOM（ケーブルテレビ）
半導体・電子部品	ルネサス エレクトロニクス（半導体） 京セラ（電子部品）	メディア・コンテンツ	日本テレビホールディングス（放送） 日本経済新聞社（新聞） 電通グループ（広告代理店）
素材・化学	日本製鉄（鉄鋼） 東レ（繊維） 富士フイルムホールディングス（化学）	運輸	ANAホールディングス（空運） ヤマトホールディングス（陸運） 東日本旅客鉄道（JR東日本）（鉄道）
食品	キリンホールディングス（飲料） 味の素（総合食品）	金融	三菱UFJフィナンシャル・グループ（銀行） 野村ホールディングス（証券） 日本生命保険（保険）
医療	武田薬品工業（医薬品） オムロン（生体モニターなど）	エネルギー	関西電力（電力） ENEOSホールディングス（石油）
化粧品・トイレタリー	資生堂（化粧品） 花王（日用品）	建設・不動産	鹿島建設（建設） 大和ハウス工業（住宅） 三井不動産（不動産）

※編集部で独自に分類

を占める。次いで5.9%を占める半導体等電子部品（輸出額、約5兆824億円）、4.8%の鉄鋼（同、約4兆1363円）と続く。近年はニトリやユニクロのように、製造から消費者に売る小売りまでを一貫して手掛ける製造小売業「SPA」と呼ばれる産業もある。

BtoB企業が支える自動車や電機産業

企業の取引には「消費者を顧客とする取引」と「法人を顧客とする取引」の2種類があり、前者を「BtoC（Business to Consumer）」、後者を「BtoB（Business to Business）」という。BtoCを手掛けるトヨタ自動車やパナソニックなどの大手メーカーは知名度が高いが、こうした大手メーカーに部品や素材、サービスなどを供給するBtoB企業も多く、日本経済の屋台骨を支えている。

関連キーワード BtoBtoC：Business to Business to Consumerの略で、他の企業の消費者向け事業をサポートするような事業や取引形態のこと。宅配業や小売店などが該当する。なお、企業向けの事業をサポートするのはBtoBtoBといわれる。

51 企業の分類②

- 企業は上場企業と、それ以外の非上場企業に大別される
- 日本企業の大部分は非上場の中小企業
- 非上場の中小企業にも優良企業は多い

証券取引所と市場の種類

市場名	市場の種別	特徴
東京証券取引所（東証）	プライム市場	流通株式時価総額100億円以上など、日本の大企業の多くを扱う
	スタンダード市場	流通株式時価総額10億円以上など、中堅企業
	グロース市場	成長性の高い新興企業やベンチャー企業が集まる
	TOKYO PRO Market	特定の投資家のみに限定されている市場
大阪証券取引所		2013年に東京証券取引所に統合
名古屋証券取引所（名証）	市場第一部	中京地区の大企業が多い
	市場第二部	中京地区の中堅企業が多い
	セントレックス	新興企業向け
札幌証券取引所（札証）	札証	北海道地区に関連ある企業が多い
	アンビシャス	新興企業向け
福岡証券取引所（福証）	福証	九州地区に関連ある中堅企業が多い
	Q-board	新興企業向け

■ ベンチャー企業などを中心とした新興市場

企業が上場区分の見直しに動く

出所：東京証券取引所のウェブサイトを参考に作成

上場企業は大企業が多い

株式が証券取引所で売買されている企業を上場企業という。全国の証券取引所に上場する企業の数は約4340社ある（外国企業を除く）。

上場・非上場のほか、企業は資本金や従業員数の規模により、中小企業とそれ以外の大企業にも分類できる。上場するには、資本金を含む純資産や利益について一定額以上の基準を満たさなければならない。このため上場企業には大企業が多い。上場企業は広く一般の投資家に株式を購入してもらえるため、非上場企業よりも資金の調達がしやすい。厳しい上場基準を満たすことで知名度や信頼度が高まるため、取引を有利に進めたり、優秀な人材を集めやすい。

MBO：Management Buyoutの略で、経営陣が自社を買収して独立すること。買収防衛や経営の自由度を高める意図から上場企業が非上場化する際などによく見られる。なお経営陣と従業員が一緒に株式を譲り受けることをMEBOという。

政府によるプライム市場上場企業の女性役員比率の目標

2023年中	2025年目途	2030年までに
東京証券取引所は、右記の目標達成に向けて行動規範を改定する	女性役員を1人以上選任	女性役員の比率30%以上

株式上場のメリット・デメリット

メリット	デメリット
資金調達が容易になる	買収されるリスクが増す
財務体質の改善など経営体制の健全化	上場を維持するためのコスト
社会的信用度と知名度の向上	情報を開示する義務がある
社員の士気の向上	様々な株主への対応
優秀な人材の確保が容易になる	高い社会的責任を負う

中小企業と非上場企業

中小企業の定義

業種	中小企業基本法の定義 中小企業者 資本金または従業員数		うち小規模事業者 従業員数
製造業・その他	3億円以下	300人以下	20人以下
卸売業	1億円以下	100人以下	5人以下
サービス業	5,000万円以下	100人以下	5人以下
小売業	5,000万円以下	50人以下	5人以下

大企業には法的な定義はないが、一般的にこれらの中小企業の基準を超えた企業を指す

著名な非上場企業

- 竹中工務店（建設）
- YKK（非鉄金属）
- 日本IBM（ソフトウエア）
- サントリー（飲料）
- ロッテ（食品）
- 森ビル（不動産）

出所：中小企業庁ウェブサイトを参考に作成

2022年4月に市場を再編

2022年4月には、東京証券取引所（東証）が上場市場区分を再編。市場第一部、市場第二部、マザーズ、ジャスダックの4市場から、プライム、スタンダード、グロースの3市場体制となった。市場第一部の中にはプライム市場の基準を満たしていない企業もあったが、経過措置としてプライム市場に移行した。しかし、26年3月末までに基準に達していない企業（3月決算企業）は監理銘柄に指定し、早くて同年10月に上場廃止にするという。

また、東証はプライム市場に上場する企業に対し、役員比率を22年の11.4%から30年までに30%にするよう、上場企業の行動規範を改定する。

IPO：Initial Public Offering の略で、不特定多数の投資家が自由に売買できるよう、未上場だった企業が株式を証券取引所に新たに上場すること。その動向は株式市場の活気を示すバロメーターとされる。

52 業界・企業のトピック

- CO₂削減、環境負荷の低減、工程の短縮、コスト削減などの技術開発に注目
- 新技術の導入で産業構造に影響も

CO₂排出量削減は全業界の課題 (図はすべて略図またはイメージ)

鉄鋼業界　水素を活用した製鉄技術

鉄鋼業は、エネルギーを起源とするCO₂排出量が最も多い業界。そこで鉄を作る際に水素を加えることでCO₂を10%削減できる高炉水素還元技術を開発中。また、高炉で発生したCO₂を分離・回収する技術の開発も進め、ともに2030年の実用化を目指す。

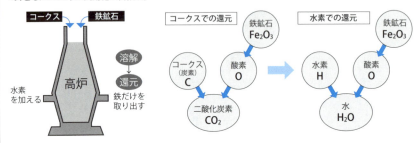

航空業界　再生航空燃料 (SAF) の利用

再生航空燃料 (SAF: Sustainable Aviation Fuel) は、廃食油や都市ごみ、廃材などの廃棄物や植物から作るバイオ燃料で、「持続可能な航空燃料」の意味。政府は、2030年から本邦エアラインの燃料の1割をSAFにするよう、石油元売りに義務付ける。

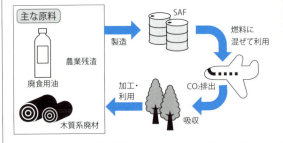

出所：経済産業省、資源エネルギー庁のウェブサイトを基に作成

CO₂削減への具体的な取り組み

近年の産業界の重点課題は、脱炭素をはじめとする環境問題への取り組みと、デジタル化による生産性の向上、そしてイノベーションなど。日本経済団体連合会（経団連）と政府は連携し、企業や団体が二酸化炭素（CO₂）排出ゼロに向けた取り組みの中で、イノベーションを起こす「チャレンジ・ゼロ」の活動を支援。参加企業・団体は195に上り、専用サイトに事例の数々を掲載している。

産業部門の中で最もCO₂の排出量が多く、その4割を占める鉄鋼業界では、鉄を作る際に発生するCO₂の削減に向けて水素を使った新しい製鉄技術の開発に取り組む。さらに発生したCO₂を分離・回収する技術開発にも取り組むなど、イノベーションを進めている。航

人工光合成：トヨタグループの豊田中央研究所は、太陽光を利用して、水とCO₂から有用物（ギ酸）を生成する人工光合成の開発に取り組んでいる。ギ酸から水素を取り出してCO₂を排出しない水素エネルギーとして活用することが期待される。

生産性、リサイクルも課題 (イラストはイメージ、図はすべて略図)

自動車業界
トヨタ自動車の新生産技術「ギガキャスト」

トヨタ自動車は、2026年に発売する電気自動車(EV)に新生産技術「ギガキャスト」を採用予定。大型の鋳造設備を導入し、複数のアルミ部品を1つのパーツとして一体成形。車体の前部、中央、後部の3つに分けた生産を検討し、前部、後部をそれぞれ1部品とする。これにより工程の短縮、コスト削減に。

【車体の後部の生産(試作)】
86板金部品・33工程
→1部品・1工程

建設・住宅業界
3Dプリンター住宅

立体的な造形物を生成できる3Dプリンターを使った住宅の需要が広がっている。3Dプリンターは曲面の壁の製作が得意なので、型枠の工程を短縮、また同時に配管設備などの製作もできるなど、時間、コストをともに削減できる。スタートアップは販売を開始、大手ゼネコンの大林組や竹中工務店などでも開発を進めている。

生活用品業界
水平リサイクル(使用済み製品から同じ製品を作る)

使用済み製品を材料化し、再び同じ製品に作り替え、使用と再生のリサイクルを循環させる。CO_2の排出量を大幅削減できる。「ボトル to ボトル」と称されるペットボトルの水平リサイクルが代表的。生産量が上昇傾向にある使用済み紙おむつを水平リサイクルする取り組みも始まっている。

CO_2排出量約60%削減
ペットボトルを石油由来原料から製造する場合と比べてCO_2を約60%削減できる。

CO_2排出量約90%削減
ユニ・チャームのウェブサイトによると、大人用紙おむつ100人分を1年間リサイクルすると焼却処理にかかっていたCO_2排出量を約87%削減。

出所:トヨタ自動車のウェブサイト、環境省「使用済紙おむつの再生利用等に関するガイドライン」(令和2年3月)などを参考に作成

空業界では燃料の一部を、持続可能な航空燃料である再生航空燃料(SAF)に置き換えてCO_2排出の抑制を進めている。

生産性向上と環境負荷の低減を両立

トヨタ自動車が従来の生産工程を大幅に短縮する新生産技術「ギガキャスト」を発表し、注目を集めている。また、3Dプリンターを活用し短期間に家を建てる3Dプリンター住宅は、23年1月に髙島屋が福袋の目玉として販売したことでも話題となった。企業は、生産性の向上を進め、工程短縮、コスト削減を目指すが、それにより不要になる部品や生産を担ってきた企業にとっては新たな課題となる。生活用品業界では、使用と再生が循環し、新たな材料が不要になる、環境に優しい「水平リサイクル」の取り組みが進んでいる。

関連キーワード

アップサイクル:売れ残り品や余剰品などの廃棄物を再加工してデザイン性や機能性など付加価値を高め、新たな製品に生まれ変わらせること。廃棄衣類の布地をデザイン性の高い洋服に変えたり、野菜ジュースの搾りかすで高品質な洋菓子を作るなどの例がある。

53 サプライチェーン

- 製品がつくられ、消費者に届くまでの高度な部品・在庫管理のしくみ。多数の部材メーカーが関わっている
- サプライチェーンが国内製造業の競争力を支えている

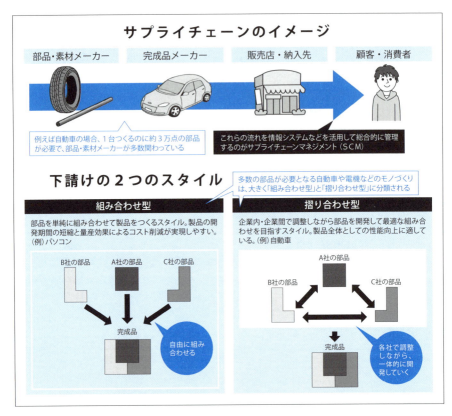

サプライチェーンの管理を徹底

　原材料や部品の調達から生産、物流、販売まで、製品が消費者に届くまでの一連のプロセスをサプライチェーンといい、部品や素材メーカーなど多数の企業が関わっている。日本の自動車や電機などの完成品メーカーは、高度な情報システムを駆使して最適な生産量を予測し、部材メーカーから必要分を随時調達する効率的なサプライチェーンを構築している。

「摺り合わせ」で高品質を実現

　サプライチェーンで企業同士が強固な関係を築き上げていることは、日本の製造業の競争力の源泉となっている。代表例が自動車だ。自動車の性能は、部品ごとの仕様や加工の微妙な違いに大きく左右される。1台の自動車

ロジスティクス：顧客のニーズに合わせて調達、生産、販売に至るまでの物流を合理化する経営手法や考え方。サプライチェーンマネジメントの一部とも捉えられる。流通関連で、ロジスティクスという言葉を企業名に含む企業が増えている。

災害に強いサプライチェーンのための対策例

生産の分散
国内の生産拠点を増やしたり、生産の一部を海外企業に委託。

生産情報の集約
下請けの生産情報をデータベース化。災害時に代替調達などの迅速な対応が可能に。

電源・燃料の確保
自家発電設備を備えたり、自前で車両用の燃料を備蓄。

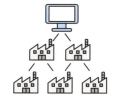
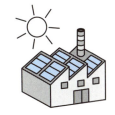

海外現地法人の進出と撤退の状況

新型コロナウイルス感染症拡大を機に海外から撤退する企業が増加。

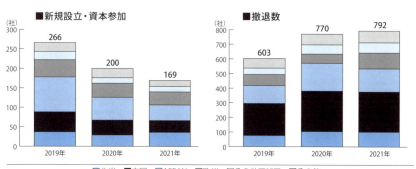

凡例：北米　中国　ASEAN　欧州　その他アジア　その他

※「新規設立・資本参加」は、各年度調査において、新規に設立された現地法人。「撤退」は「解散、撤退・移転」及び「出資比率の低下（日本側出資比率が0％超10％未満となった）」社数。詳細は経済産業省「海外事業活動基本調査」の各年度を参照。

| 生産拠点の国内整備 | 新型コロナウイルスの感染拡大で2020年5月以降、政府が生産拠点等を国内に整備する企業を支援。 | 採択された企業数 **延べ446社** （2023年8月末現在） |

出所：(下図)経済産業省「海外事業活動基本調査」

をつくるには約3万点の部品が必要で、これらを組み立てて高品質・高性能の車両を仕上げるには、自動車メーカーと部材メーカーとの調整が必須だ。この調整作業は「摺り合わせ」と呼ばれ、各部品メーカーの連携が強いほど調整しやすい。日本の自動車メーカーは車種ごとにきめ細かく摺り合わせをして、高品質・高性能の自動車をつくり出している。

ただし、電気自動車（EV）へのシフトや、デジタル化による生産工程の効率化などが進み、サプライチェーンにも変化の兆しが見えてきている。また、海外にサプライチェーンを置いている企業がコロナ禍のロックダウンにより生産が滞るなどの経験や、技術移転といった安全保障上の問題などから、企業は生産拠点の分散や国内回帰に動いている。

関連キーワード

ジャスト・イン・タイム：「必要なものを、必要なときに、必要なだけ」生産するという思想やこれを実現するしくみ。トヨタ自動車の生産方式の一つとして有名で、「かんばん方式」ともいわれる。

54 企業連合・異業種連携

- 競争環境の変化が企業の連携を促している
- 各社の強みを生かし合い、自社だけでは難しい技術やサービスの開発が可能

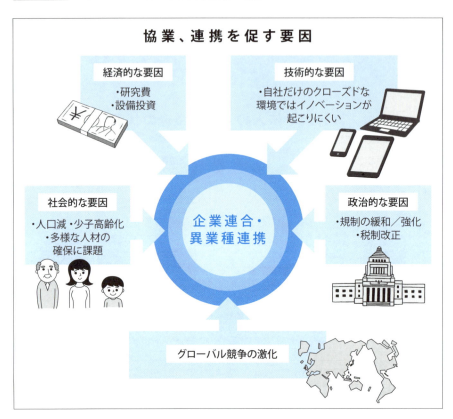

経営資源の集中で競争力を高める

業界内の競争環境の変化、人材確保の難しさ、自前の技術への閉塞感など、様々な要因が重なり、M&Aや企業間での連携が進んでいる。企業連携は、経営資源の集中で競争力を高め、また、産業界、大学、国の連携（産学官連携）は、技術開発とともに人材の育成、規制緩和などを一体で進められるといったメリットがある。

業界一丸となる取り組みも

企業連合・コンソーシアムの例では、国立研究開発法人 物質・材料研究機構が立ち上げた製薬業界の「医薬品に関するマテリアルズオープンプラットフォーム（MOP）」、建設会社がまとまった「建設RX（ロボティクス トランスフォーメーション）コンソーシアム」などがある。同コンソーシアムは、2021年9月にゼネコ

破壊的イノベーション：これまでにない技術などによって、産業構造に大きな変化をもたらすこと。移動に変革を起こした、ウーバーテクノロジーズのタクシー配車アプリが例として挙げられる。既存製品を革新していくことは「持続的イノベーション」といわれる。

企業連合・異業種連携の例

■企業連合など協業の例

新薬開発で製薬11社が協業
「医薬品に関するマテリアルズオープンプラットフォーム(MOP)」

国立研究開発法人 物質・材料研究機構が主導。創薬の国際競争力を高める

アステラス製薬、エーザイ、沢井製薬、塩野義製薬、第一三共、大鵬薬品工業、武田薬品工業、田辺三菱製薬、中外製薬工業、東和薬品、日本新薬が参加

建設会社29社が参加(協力会社195社)
「建設RXコンソーシアム」

人手不足の解消や生産性向上などに向け、ロボットやIoT(モノのインターネット化)分野の研究開発に共同で取り組んでいる

鹿島建設、清水建設、竹中工務店などの幹事社のほか、長谷エコーポレーション、戸田建設、西松建設など準大手・中堅企業が参加

地銀9行がSBI HDと資本提携
「第4のメガバンク構想」

SBI HDが持つ技術力などを通して、地銀の収益向上を図る

SBI新生銀行(東京)	清水銀行(静岡県)
きらやか銀行(山形県)	仙台銀行(宮城県)
島根銀行(島根県)	筑波銀行(茨城県)
筑邦銀行(福岡県)	福島銀行(福島県)
東和銀行(群馬県)	大光銀行(新潟県)

14法人で創立、102社が参画
「防災コンソーシアムCORE」

各社が持つ災害情報のデータベース化や、知見の結集により、減災に関するサービスで連携

東京海上日動火災保険、I-レジリエンス、AlgoNaut、ウェザーニューズ、応用地質、(一社)河川情報センター、セコム、東京海上ディーアール、日本工営、NTT、パスコ、JR東日本、ボストン コンサルティング グループ、三菱電機 など

※社数は2023年8月現在

■自動車の異業種連携の例

MaaSによる連携(MaaS:ユーザーごとに、最適な移動手段を提供すること)

 ×

強み	強み
自動車開発・製造技術 自動運転・走行データ	通信技術・ビッグデータ 解析・AI・ロボット

▶新たなモビリティサービスの構築を目指す新会社「MONET Technologies(モネ テクノロジーズ)」を設立(2018年)。
▶本田技研工業、日野自動車、スズキなど7社が資本業務提携。
▶企業間の連携を進める組織体「MONETコンソーシアム」も設立(2019年3月)。小売り、運輸、不動産、金融など幅広い業種から約757社が参画している(2023年8月)。

電気自動車で連携

 ×

強み	強み
自動車、二輪車開発	AV機器、エンターテインメント

▶電気自動車(EV)を共同開発し、2025年をめどに発売。
▶新たにEV事業に向けた新会社「ソニー・ホンダモビリティ」を22年9月に設立。

ソニーグループは、20年1月に独自開発のEVの試作車「VISION-S」を、22年1月にはSUVタイプの試作車「VISION-S 02」を発表している。

ン16社で発足したが、正会員29社、協力会員195社にまで増え、企業間で資材の自動搬送システムやタワークレーンの遠隔操作システムなどの相互利用や技術の共有が進んでいる。

防災・減災に関するサービス開発で、東京海上日動火災保険やパスコなど異業種が連携する「防災コンソーシアムCORE」もある。

金融ではSBIホールディングスが、SBI新生銀行を傘下に、地方銀行とのネットワークを広げ「第4のメガバンク構想」で停滞する地銀各行の収益の向上を図る。

100年に1度といわれる大変革期にある自動車業界では、トヨタ自動車とソフトバンク、ホンダとソニーグループが組み、CASE(テーマ72参照)を推進する。

建設業のジョイントベンチャー(JV):複数の建設業者が共同で工事を受注・施工する「共同企業体」のこと。大規模工事のときなどに結成する「経常建設共同企業体(経常JV)」や、中小・中堅建設業者が協業する「経常建設共同企業体(経常JV)」などがある。

55 企業経営に関わるビジネス用語

ポイント
- ▶企業を理解するには、ビジネス用語を理解することが大切
- ▶グローバル化により、外国語をビジネス用語として多用するケースが増えている

知っておきたいビジネス用語

▼CEO
Chief Executive Officer の略で最高経営責任者の意味。企業戦略の策定や経営方針の決裁など、経営事項に関わる責任を負う。米国型の企業統治をする上での役職のこと。

▼CSR
Corporate Social Responsibility の略で企業の社会的責任の意味。企業が法令遵守や利益貢献といった責任を果たすだけでなく、より高次の社会貢献をする活動。

▼IR
Investor Relations の略。「投資家向け広報」と訳される。株式市場において投資家や株主の投資判断に必要な情報を提供していく企業の広報活動。

▼コンプライアンス
コーポレートガバナンスの基本原理の1つ。法律や倫理、社会規範に反することなく行動する、法令遵守に基づいた企業活動のこと。企業不祥事が多発されることから、重視されるようになった。

▼コアコンピタンス
他社には真似のできない、競争手段として有効な自社ならではの技術や核となる事業のこと。例えば、富士フイルムは同社のコアコンピタンス(技術)を、化粧品などの新分野に生かして成功している。

▼IFRS
International Financial Reporting Standards の略で国際会計基準のこと。日本で用いられている会計基準には、主に日本基準、米国基準、IFRS基準があるが、IFRSへの移行が増加している。

▼サスティナブル
Sustainable。「持続可能な」という意味。企業におけるサスティナブルとは、自然環境や社会環境などの問題に取り組みつつ、持続可能な社会を目指した経営をしていくことなどをいう。

▼ステークホルダー
Stakeholder。企業を取り巻く利害関係者を指す言葉。具体的には顧客・株主・債権者・従業員・取引先のほか、地域社会(住民)や行政機関などとされる。

カタカナ用語は意味を理解して使おう

ビジネスのグローバル化により、大手企業では世界の投資家から評価を得るために会計基準を国際基準に変更し、欧米式の経営に転換している。そのため、外来語がビジネスの現場でも多用されている。

実際に企業のオフィシャルサイトや採用ページに目を通すと、日常生活ではあまり使わない言葉を目にするだろう。新聞や雑誌などから企業情報を読み解くためには、そうしたビジネス用語を背景とともに理解しよう。

上にあげたものは、おもに企業経営に関わる用語。カタカナ用語は言葉の定義が曖昧になりがちなので、意味をおさえてから使おう。

CxO(最高〇〇責任者)で表す役職名も増えており、CTO(最高技術責任者)、CMO(最高マーケティング責任者)、CIO(最高情報責任者)、CHRO(最高人事責任者)などがある。また、英語の頭文字で表現するものも多く、ものづくりの3要素を表す「QCD」(Quality〈品質〉、Cost〈コスト〉、Delivery〈納期〉)や、Company(自社)、Customer(顧客)、Competitor(競合相手)の3つのCから戦略を考える「3C分析」などの用語がある。

56 株式時価総額

- ▶企業の価値などが分かる指標の1つ
- ▶株価×発行済み株式数で計算

株式時価総額の計算方法

その日の株価
※株価は変動する

× 発行済み株式数
※発行済み株式数はすでに世に出ている株式

= 株式時価総額

例 株価 500円 × 発行済み株式数 1万8000株 = 900万円

東京証券取引所のプライム市場に新規上場する場合の時価総額の基準は100億円以上

トヨタは40兆円超えも

株式時価総額は、企業の価値などが分かる指標の1つで、「株価」に「発行済み株式数」を乗じて出すことができる。企業が革新的な技術や新商品、環境への取り組みを発表するなど、評価する好材料があると株価が上がり、時価総額も上昇する。トヨタ自動車は2023年4～6月期の営業利益が大幅に伸び、また、新技術「ギガキャスト」導入などを発表。8月2日には時価総額40兆円を超えた。

57 無形資産

- ▶企業のデータベースやブランド価値など、可視化できない資産
- ▶経済のデジタル化に伴い、無形資産の価値が高まる

無形資産3つの分類

■無形資産の種類

情報化資産	革新的資産	経済的競争能力
・受注ソフトウエア ・パッケージソフトウエア ・自社開発ソフトウエア ・データベース	・自然科学分野の研究開発 ・資源開発権 ・著作権及びライセンス ・他の製品開発、デザイン、自然科学分野以外の研究開発	・ブランド資産 ・企業固有の人的資本 ・組織構造

出所：内閣府のウェブサイトを参考に作成

人的資本も無形資産

土地、建物、機械設備などの有形資産に対して、データベースやブランド価値（のれん代）など、目に見えない資産を無形資産という。無形資産はソフトウエアやデータベースなどの「情報化資産」、研究開発（R&D）やデザインなどの「革新的資産」、人的資本や組織などの「経済的競争能力」の大きく3つに分類される。経済のデジタル化に伴い、無形資産の価値がますます高まっている。

第5章 業界・企業	確認ドリル

カッコ内に入る言葉を答えよ。

1 M＆A（合併・買収）の手法の1つで、株を取得したい人が、買い付け期間、買取株数、価格を公表して、株主から株式を買い取ることを（　　　）という。

2 企業の取引にはB to C（消費者を顧客とする取引）と（　　　）（法人を顧客とする取引）の2種類がある。

3 製造から消費者に売る小売りまでを一貫して手掛けるビジネス業態を（　　　）という。

4 株式が証券取引所で売買されている企業を上場企業というが、外国企業を除く上場企業は約（　　　）社ある。

5 東京証券取引所（東証）が2022年4月、上場市場区分を再編した。最上位市場は（　　　）市場となった。

6 使用済み製品を材料化し、再び同じ製品に作り替え、使用と再生のリサイクルを循環させることを（　　　）という。

7 原材料や部品の調達から生産、物流、販売まで、製品が消費者に届くまでの一連のプロセスを（　　　）という。

8 企業を取り巻く利害関係者のことを（　　　）という。

9 企業が法律や倫理、社会規範に反することなく行動することを（　　　）という。

10 企業のブランド資産など、目に見えない資産を（　　）資産という。

【解答】1.TOB（株式公開買い付け）　2.B to B　3.SPA　4.4340　5.プライム
6.水平リサイクル　7.サプライチェーン　8.ステークホルダー
9.コンプライアンス（法令遵守）　10.無形

第6章

労働・雇用

「雇用契約」「育児休業」から「働き方改革と 2024 年問題」
「日本の賃金問題」といった課題まで、
働くことに関する法律や制度をまとめた。
働くうえで必要な
知識をしっかり身に付けよう。

58 働き方改革と2024年問題

ポイント
▶長時間労働などの是正、公正な待遇の確保に向けた改革
▶2024年に始まる時間外労働時間の規制による人手不足を懸念
▶働き方改革関連法は2019年4月から順次施行

改革の目的

背景
- 人口減少による労働力不足
- 生産性の低さ

→ 解消に向けて

日本特有の雇用システムを見直したり、働き方を変える必要がある

非正規雇用労働者の処遇改善	賃金の引き上げ
長時間労働の是正	転職・再就職の支援
柔軟な働き方の環境整備	女性・若者が活躍しやすい環境整備
高齢者の就職促進	子育て・介護と仕事の両立
外国人材の活用	

「働き方改革関連法」の3本柱

第1の柱 働き方改革の総合的かつ継続的な推進

第2の柱 長時間労働の是正と多様で柔軟な働き方の実現等
▶高度プロフェッショナル制度の導入
▶勤務間インターバル制度の促進
▶残業時間の罰則付き上限規制
（労使合意で、年720時間まで、単月で100時間未満）など
　→ 原則 月45時間 年360時間

第3の柱 雇用形態にかかわらない公正な待遇の確保
▶同一労働・同一賃金の促進

最大のチャレンジ

「働き方改革」とは、仕事に対する企業と個人の考え方、働き方のしくみ、個人のライフスタイルを根本から変える改革のこと。「一億総活躍社会実現に向けた最大のチャレンジ」との位置付けで始まった。

背景には、少子高齢化の進行による労働力人口の減少がある。そうしたなかで、これまで労働市場に登場してこなかった女性、シニア世代、外国人材などの潜在的な労働力を積極的に活用すると同時に生産性を高めることによって、その問題の解消に努めようとするものである。2018年7月には、労働基準法など8本の改正法からなる「働き方改革関連法」が成立。企業規模や業種によって19年4月から順次施行されている。

関連キーワード
勤務間インターバル：仕事終了後、次の仕事を始めるまでに一定の休息時間をおくこと。働き方改革関連法では、企業の努力義務とされた。ＥＵ諸国では、勤務終了後、次の始業までに最低11時間の休息を労働者に保証することを義務付けている。

2024年4月から「時間外労働の上限規制」が始まる業種

- 工作物の建設の事業
- 自動車運転の業務
- 医業に従事する医師
- 鹿児島県及び沖縄県における砂糖製造業

労働力不足への懸念　2024年問題

[人手不足が深刻な業種]
人手が「不足している」と回答した企業の割合
- 運輸業　79.4%
- 建設業　75.6%
- 情報通信・情報サービス業　66.7%
- 介護・看護業　65.1%

出所:日本・東京商工会議所「人手不足の状況および従業員への研修・教育訓練に関する調査」を基に作成

特にトラックドライバーは
人手不足で長時間労働
物流が混乱する懸念

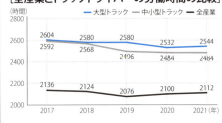

[全産業とトラックドライバーの労働時間の比較]
（時間）　　大型トラック　中小型トラック　全産業
- 2017: 2604 / 2592 / 2136
- 2018: 2580 / 2568 / 2124
- 2019: 2580 / 2496 / 2076
- 2020: 2532 / 2484 / 2100
- 2021: 2544 / 2484 / 2112

■自動車運送業の時間外労働規制の改正内容

～2024年3月	2024年4月～
時間外労働時間	
（労使合意で）上限なし	（原則、年720時間）960時間
拘束時間（労働時間＋休憩時間）	
年3516時間	年3300時間

物流会社、メーカーなど

鉄道や船、飛行機などを利用	企業同士が協力
モーダルシフト	共同配送

出所:内閣府『「2024年問題」への対応に向けた動き』を基に作成

時間外労働の上限規制による「2024年問題」

24年4月からは、次の4業種で時間外労働の上限規制が始まる。「鹿児島県及び沖縄県における砂糖製造業」、「工作物の建設の事業」（災害時の復旧・復興事業を除く）には規制が全て適用される。「自動車運転の業務」と「医業に従事する医師」は、上限を超える時間外労働を認める労使協定である特別条項付き36協定を締結する場合は、前者が上限年960時間、後者も上限960時間だが、救急医療機関等は最大1860時間となる。

特に物流業界では24年4月以降トラックドライバーの人手不足によって安定的な輸送が難しくなると見られている。そのため、共同配送、鉄道輸送や船舶輸送などへ転換する「モーダルシフト」などでの対応を急いでいる。

関連キーワード

労働力人口：15歳以上の、就業者と働く意思を持つ完全失業者を合わせた人口。専業主婦（夫）などは含まれない。総務省発表の「労働力調査」によると、2022年の労働力人口の平均は前年比5万人減の6902万人だった。

59 雇用契約

- 契約社員、パート、アルバイト、派遣社員など契約期間の定めのある働き方は有期雇用といわれる
- 有期雇用でも同じ職場で5年働くと無期雇用になれる

改正労働契約法3つのポイント

I. 無期労働契約への転換
有期労働契約が繰り返し更新されて通算5年を超えたときは、労働者の申し込みにより、期間の定めのない労働契約（無期労働契約）に転換できる。

II.「雇い止め法理」の法定化
最高裁判例で確立した「雇い止め法理」（一定の場合に、使用者による雇い止めが認められなくなること）を法律に規定。

III. 不合理な労働条件の禁止
有期契約労働者と無期契約労働者との間で、期間の定めがあることによる不合理な労働条件の相違を設けることを禁止。

労働者派遣法改正（2015年）

- どんな職種でも一律3年まで
- 3年を過ぎた場合、派遣会社に対し、派遣先企業への直接雇用の申し込みや、新しい派遣先を紹介したりする措置が義務付けられる

ただし
派遣先企業が直接雇用の依頼に応じる義務はない

- 3年での「雇い止め」が発生する可能性
  （ただし部署を変えれば、同じ派遣先で働くことができる）
- 雇用の不安定化が進むという声が多い

有期雇用の雇用契約

正社員や正職員といわれる労働者は期間の定めのない雇用契約（無期雇用）であるのに対し、契約社員、期間の定めのあるパートタイム、アルバイト、派遣社員、嘱託などは有期雇用といわれる雇用契約である。期間の定めのない雇用契約が通常定年まで雇用されるのに対し、有期雇用は雇用期間が終了すると、契約が更新されない限り、雇用は終了する。労働者にとっては不安定な弱い立場であり、雇う側にとっては都合がよいといえる。

有期雇用の無期契約への転換

有期雇用をめぐっては、1年間などの有期雇用で契約更新を繰り返し、突然更新が打ち切られる雇い止め（やといどめ）が問題となっていた。2012年に成立した改正労働契約法

改正高年齢者雇用安定法：定年から年金が支給されるまで、無収入期間が生じることから、70歳までの雇用を確保するための措置を定めたもの。なお、定年を70歳まで引き上げることを義務付けるものではない。

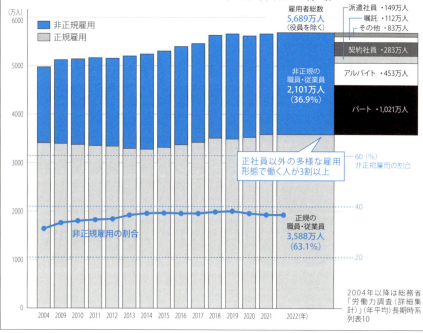

雇用形態の特徴

雇用形態	雇用期間	労働時間	雇用契約	指揮命令
正社員	無期	法定労働時間	雇用主（会社）	雇用されている職場
パートタイム	有期（1年など）	短時間	雇用主（会社）	雇用されている職場
契約社員	有期（1年など）	正社員と同じが多い	雇用主（会社）	雇用されている職場
派遣社員	有期（1年など）	正社員と同じが多い	派遣会社	派遣先の職場
請負	（期日はあり）	―	（業務請負契約）	―

正規雇用と非正規雇用者数の推移

出所：厚生労働省ウェブサイトを参考に作成

では、有期雇用者が契約を繰り返しながら同じ企業で5年を超えて働いた場合、希望すれば無期雇用に転換できるようになった。また15年の労働者派遣法改正で、派遣労働者が同じ職場で働ける期間が3年に限られた。無期雇用への転換の可能性がある一方、有期雇用のまま同じ職場で働き続けられず、かえって不安定となるケースもある。

厚生労働省の資料によると、正社員の数は2015年にプラスに転じ、2022年まで8年連続で増加しているが、雇用者全体（役員除く）に占める割合は63.1％。残りの4割弱は、契約社員やパートタイム、アルバイトなど非正規雇用者だ。非正規雇用者のうち約1割は、「正社員として働く機会がなく、非正規雇用で働いている（不本意非正規雇用）」人だ。

 一歩進んで　「働き方改革関連法」では、正社員と非正規社員の不合理な待遇差をなくすため、同じ仕事をする人には、年齢や性別、雇用形態にかかわらず同額の賃金を払うという「同一労働同一賃金」に関する法改正も盛り込まれた。全ての企業で適用されている。

60 育児休業・ワークライフバランス

- 育児・介護休業法で定められた育児のための休暇制度で子が1歳になるまで取得可能(両親では1歳2カ月)
- 職場で育休取得者の代替要員を補充できていないという課題も

育児・介護休業法における育児に関するおもな制度

制度	概要
①育児休業制度	原則1歳未満の子どもがいる労働者が対象(実子だけでなく、養子も含まれる) 保育所に入れない場合、例外的に1歳6カ月まで延長できるが、それ以後も入れない場合は、再度申請すれば最長2歳まで取得可能 育児休業 0歳 → 1歳 延長 → 1歳6カ月 延長 → 2歳
②育児のための所定労働時間短縮処置(短時間勤務制度)	3歳に満たない子どもがいる労働者が希望すれば利用できる短時間勤務制度(1日6時間)
③育児のための所定外労働の免除	3歳に満たない子どもがいる労働者が請求した場合、その労働者を所定労働時間を超えて労働させてはならない
④小学校就学の始期に達するまでの子を養育する労働者等に関する措置	小学校就学の始期に達するまでの子どものいる労働者に対しても、事業主は短時間勤務などの努力義務がある
⑤子の看護休暇	小学校就学の始期に達するまでの子どものいる労働者が、年5日まで、事業主に申請することで取得できる(時間単位での取得が可能。子が2人以上の場合は年10日まで)
⑥育児目的休暇	就学前までの子どもがいる労働者に、育児に関する目的で利用できる休暇制度。男性の育児参加の促進が目的

①〜③、⑤は事業主の法的義務、④⑥は努力義務
その他、子の年齢にかかわらず、深夜業の制限(午後10時〜午前5時)、転勤の配慮、不利益取り扱いの禁止など

出所:厚生労働省資料を参考に作成

育児休業に関する制度

育児・介護休業法(「育児休業、介護休業等育児又は家族介護を行う労働者の福祉に関する法律」)における育児休業は、子どもが原則1歳になるまで育児のために仕事を休める制度。さらに両親ともに取得する場合は子どもが1歳2カ月になるまで取得可能。1991年に育児休業法ができたが、95年に大幅改正し、育児休業制度とともに介護休業制度も合わせた現行法の土台ができた。その後、度々改正され、育児休業期間の延長、有期雇用者への拡充、企業の努力規定の義務化などが盛り込まれた。

求められるワークライフバランス

ワークライフバランス(Work Life Balance, WLB)とは、仕事と家庭生活との調和を図る

くるみんマーク:次世代育成支援対策推進法に基づいて、厚生労働省が仕事と家庭の両立に積極的な「子育て支援サポート企業」として認定した企業に交付しているマーク。さらに高い基準をクリアした企業は「プラチナくるみん」の認定を受ける。

育児休業取得

育児休業取得率の推移

産後パパ育休、育休の分割取得 (2022年10月からスタート)

父が子の出生後8週間以内に4週間（28日）まで、育児休業とは別に休業の取得が可能に（2回に分けての取得も可能）。また、父母ともに従来の育児休業を分割して2回に分けて取得することも可能となった。

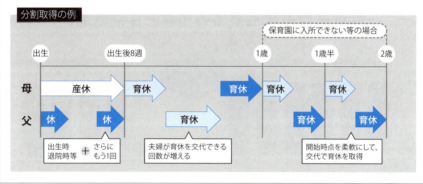

出所：厚生労働省「育児・介護休業法の改正のポイント」「育児・介護休業法の改正について〈2022年3月18日更新〉」などを参考に作成

こと。1990年代に欧米で使われ始めた概念。わが国でも、様々な制度で働きやすい環境づくりが進んでいる。一方で、共働き世帯では家事・育児などは女性が担うことが多く、男性の育児休業が増えないことが長らく問題になっている。これに対応し、21年6月に育児・介護休業法が改正され、「産後パパ育休」が新設された。また、原則1回だった育児休業を、男女ともに2回まで分割して取得することも可能となった。22年度の男性の育児休業取得率は、過去最高の17.13%まで上昇。政府は、「2025年度に50%、30年度に85%」の目標を掲げ、育児休業給付の拡充などを計画している。一方、厚生労働省の調査で、約8割の職場で育児休業取得者の代替要員を補充できていないという課題が浮き彫りとなった。

ワークライフバランスは、近年の働き方改革の機運や、就職を控えた学生の関心も高いことから、企業経営の考え方の1つとして広がりを見せた。長時間労働の削減や柔軟な働き方を推進しつつ、生産性を向上させることが課題である。

61 変わる企業経営―人的資本経営

- ▶企業価値の決定要因が有形資産から無形資産に変化
- ▶人材はコストではなく、新しい価値を生み出す資本である
- ▶日本企業の人材への投資は欧米企業に比べて大きく劣る

企業と個人に押し寄せる変革の波

市場価値の構成要素の推移と日米の違い

■ 有形資産：企業が持つ工場や生産設備、土地など
■ 無形資産：企業が持つ特許や情報、従業員など

[S&P500市場価値の構成要素]
(S&P500：米国の主要500社)

無形資産が市場価値の9割を占める。

[日経225市場価値の構成要素]
(日経225：日本の主要な225社)

出所：OCEAN TOMO「Intangible Asset Market Value Study 2020」を基に作成

価値を生み出す人材に投資

産業構造の変化や労働力人口の減少、人生100年時代の到来、新型コロナウイルス感染症への対応など、企業や個人を取り巻く環境は大きく変化している。企業がこうしたVUCA（ブーカ＝変動性・不確実性・複雑性・曖昧性）の時代を生き抜くためには、新しい価値を生み出す人材を資本と考えて積極的に投資し、ROI（投資利益率）を高めることが必要になる。これを人的資本経営という。経済産業省が2022年5月に発表した「人的資本経営の実現に向けた検討会報告書～人材版伊藤レポート」では、経営戦略と人材戦略の連動が重要だと指摘。そのためには経営戦略を理解しているCHRO（最高人事責任者）の設置や全社的な課題の抽出が重要なステップだとしている。

ウェルビーイング：1946年に世界保健機関（WHO）が設立される際に登場した言葉で、人々が身体的、精神的、社会的に充足感に満たされた幸福度の高い状態を指す。近年は、従業員の幸福感を重視する企業も増え、経営理念にウェルビーイングを取り入れる例も見られる。

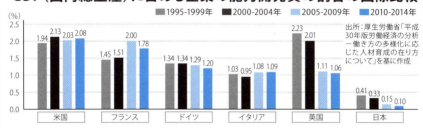

GDP（国内総生産）に占める企業の能力開発費の割合の国際比較

出所：厚生労働省「平成30年版労働経済の分析―働き方の多様化に応じた人材育成の在り方について」を基に作成

求められる人的資本経営の内容

■人的資本経営に向けた企業と個人の意識改革

		望ましい変化
【人的資源・管理】人的資源の管理、オペレーション志向。「投資」ではなく「コスト」。	人材マネジメントの目的	【人的資本・価値創造】人的資本の活用・成長。クリエーション志向。「投資」であり、効果を見える化。
【人事】人事諸制度の運用・改善が目的。経営戦略と連動していない。	アクション	【人材戦略】持続的な企業価値の向上が目的。経営戦略から落とし込んで策定。
【人事部】人材関係は人事部門任せ。経営戦略との紐づけは意識されず。	イニシアチブ	【経営陣（5C）／取締役会】経営陣（5C：CEO、CSO、CHRO、CFO、CDO）のイニシアチブで経営戦略と紐づけ。取締役会がモニタリング。
【内向き】雇用コミュニティの同質性が高く人事は囲い込み型。	ベクトル・方向性	【積極的対話】人材戦略は価値創造のストーリー。投資家・従業員に、積極的に発信・対話
【相互依存】企業は囲い込み、個人も依存し、硬直的な文化になり、イノベーションが生まれにくい。	個と組織の関係性	【個（従業員）の自律・活性化】互いに選び合い、共に成長。多様な経験を取り込み、イノベーションにつなげる。
【囲い込み型】終身雇用や年功序列により、囲い込み型のコミュニティに。	雇用コミュニティ	【選び、選ばれる関係】専門性を土台にした多様でオープンなコミュニティに。

■企業の「人的資本」について情報開示が望ましい項目（一部抜粋）

育成			流動性			ダイバーシティ		
研修時間	研修費用	研修と人材開発の効果	従業員エンゲージメント	離職率	定着率	新規雇用の総数と比率	属性別の従業員・経営層の比率	男女間の給与の差	育児休業等の後の復職率・定着率

健康・安全			コンプライアンス・労働慣行			
労働災害の発生件数・割合・死亡数等	ニアミス発生率	健康・安全関連取組等の説明	深刻な人権問題の件数	児童労働・強制労働に関する説明	業務停止件数	苦情の件数	差別的事例の件数・対応措置

出所：経済産業省「持続的な企業価値の向上と人的資本に関する研究会報告書」、内閣官房「人的資本可視化指針」を基に作成

人的資本の情報開示、義務化へ

米国では米国証券取引委員会（SEC）が20年8月、人的資本関連情報の開示を義務付けている。日本では岸田政権が掲げる「新しい資本主義」の中で、人的資本に関する情報開示を訴えた。内閣官房は22年8月、人的資本に関する開示事項例などを示した「人的資本可視化指針」を発表。23年1月には内閣府令が改正され、上場企業には有価証券報告書で人的資本に関する情報の開示を義務付けた。

日本経済新聞が23年6月、TOPIX100構成銘柄のうち、有価証券報告書を6月に提出する3月期決算企業81社を対象に開示方針に関する調査を公表。回答のあった57社のうち、約半分が人件費や人材育成費など人への投資を開示する方針だった。

関連キーワード　**従業員エンゲージメント**：従業員が所属する組織の理念やパーパス（存在意義）を理解・共感し、自発的に仕事を通して組織に貢献する状態。日本では、仕事への熱意や職場への愛着を示す社員の割合はわずか5％という結果も（米ギャラップ社調べ、2022年）。

62 日本の賃金問題

★★★

- ▶名目賃金は上昇傾向にあるが、実質賃金はマイナスが続く
- ▶最低賃金（全国平均）は1000円を超えたが、「年収の壁」に波及
- ▶政府による賃上げ策は「三位一体の労働市場改革」

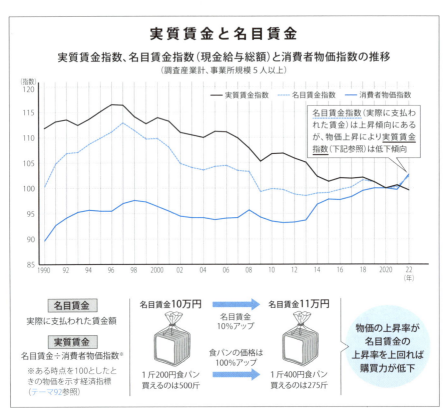

出所：（上図）厚生労働省「毎月勤労統計調査 令和4年分結果確報の解説」

物価高で実質賃金は低下

　名目賃金は上昇傾向にあるが、物価高により実質賃金は伸びていない。実質賃金とは、労働者が賃金として受け取る名目賃金から物価変動の影響を除いたもの。名目賃金を消費者物価指数で割って算出する。名目賃金の額が同じだとしても、物価が上がれば購入できるモノは減り、物価が下がれば購入できるモノが増える。実質賃金は労働者の購買力を示す重要な指標とされるが、23年6月の実質賃金指数は前年同月比1.6％減。22年4月以降15カ月連続で前年を下回っている。

骨太の方針に「構造的賃上げ」

　23年春闘の賃上げ率は3.58％となり、1993年以来29年ぶりの3％超の高水準となった。一方、生鮮食品を除いた消費者物価指数（CPI）

関連キーワード　**労働組合**：労働者が団結し、労働条件の維持や改善などを目的に組織する団体。日本国憲法では、労働者が労働組合を結成する「団結権」、企業等と団体交渉する「団体交渉権」、要求実現のために団体で行動する「団体行動権」の労働三権が保障されている。

様々な賃金問題と政府の賃上げ策

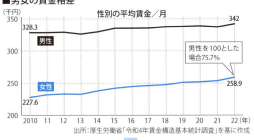

は7月に前年同月比で3.1％上昇、11カ月連続で3％以上の上昇が続く。電気代、都市ガス代等は政府の負担軽減策等により上昇幅はマイナスだった。

岸田政権が2023年6月に発表した「経済財政運営と改革の基本方針（骨太の方針）2023」では、リスキリング（学び直し）、職務給の導入、成長分野への労働移動という「三位一体の労働市場改革」によって「構造的賃上げ」を実現するとした。

23年度の最低賃金は全国加重平均で1004円と、初めて1000円を超えた。一方で、最低賃金の上昇が「年収の壁」に影響し課題となっている。また、賃金の男女格差などもあり、企業にその格差の公表を義務付けることなどで改善を図っている。

春季労使交渉（春闘）：労働組合が、新年度の4月に向けて、賃金の引き上げなど労働条件についての要求を企業等に提出し、団体交渉を行うこと。一般的に「春闘」と呼ばれる。全国中央組織の労働団体や、産業別組織の指導・調整も入る。

63 新しい働き方 —テレワーク、ジョブ型雇用、副業推進

- 新型コロナウイルスの感染拡大によりテレワークが普及
- ジョブ型雇用を導入する企業も増えつつある
- 通勤時間がなくなり、副業も可能に

導入が進む働き方

在宅勤務 自宅などでの就業

地方で働くことも

オフィス（勤務先）

ジョブ型雇用	原則テレワーク	転勤廃止
主な導入企業：KDDI、NEC、NTT、日立製作所、富士通、三菱ケミカル	主な導入企業：NTT、ディー・エヌ・エー（DeNA）、東芝、富士通、ヤフー	主な導入企業：JTB、NTT、富士通

※上記の導入企業は職種や役職によって制度適用外の場合があります。

■無限定社員制度とジョブ型雇用の違い

日本の従来型無限定正社員		欧米のジョブ型正社員
新卒一括採用	採用	インターン経由など必要に応じて経験者を採用
職務内容が明記されていない採用		職務内容を明記した採用
職務が限定されていない	職務	職務が限定されている
人事部主導の異動	異動	社内公募が主となる異動
年齢・勤続年数で変わる賃金制度	賃金	職務に対応した賃金制度
終身雇用	解雇	仕事がなくなれば解雇も

■企業が副業を推進

主な導入企業	IHI、三井住友海上火災保険、富士通、三井化学、三菱ケミカルホールディングス、キリンホールディングス、パーソルキャリア

テレワークが新しい働き方の起点に

新型コロナウイルス感染拡大に伴い、会社に出社して仕事をする働き方から在宅勤務など場所を選ばない働き方、テレワークが普及した。出社が不要になり、転居を伴う転勤を原則廃止とした企業もある。東京都産業労働局の調査（2023年8月調査）によると、東京都内の企業（従業員30人以上）の45.3%がテレワークを実施している。

テレワーク普及の中で、注目されているのがジョブ型雇用だ。終身雇用や年功序列といった日本の無限定正社員と違い、職務が限定され、成果で評価される雇用制度である。テレワーク下では、そうしたジョブ型が適しているからだ。

テレワークによる通勤時間の減少や、ジョブ型雇用の導入により、企業は副業解禁やリスキリング（学び直し）の推進、週休3日制の模索などを始めている。これら新しい働き方の普及は、個人の価値観に合わせた働き方の選択を可能にした。一方で、ジョブ型雇用の増加や終身雇用制度の終焉などにより、個人は今後、自律したキャリア形成が求められるだろう。

64 大卒の求人倍率

> ▶大卒者の求人倍率は上昇傾向
> ▶建設業、流通業の2024年卒に対しての求人倍率は10倍超え

出所：リクルートワークス研究所「第40回ワークス大卒求人倍率調査」（2024卒）より作成

コロナ禍前の水準に回復

リクルートワークス研究所が2023年4月に発表した、24年大卒予定者の求人倍率は1.71倍で、23年卒よりも0.13ポイント上昇。新型コロナウイルス感染拡大の影響による経済の落ち込みから21、22年卒はポイントを下げたが1.5倍台を堅持、24年卒はコロナ禍前の水準まで回復している。特に大幅上昇した建設業は13.74倍、流通業は10.49倍となった。一方、金融業は0.01ポイント減少した。

65 賃金のデジタル払い解禁

> ▶キャッシュレス決済の利用促進に向け賃金のデジタル払いが可能に

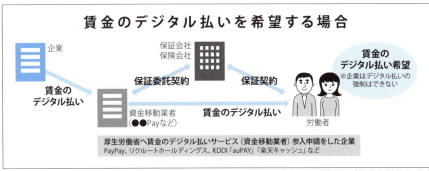

出所：厚生労働省のウェブサイトなどを参考に作成

保証会社等と保証契約を結ぶ

政府は2025年までにキャッシュレス決裁比率を40%に上げることを目指し、その一環として23年4月に賃金のデジタル払いを解禁。従業員が希望した場合、企業は資金移動業者を通じて従業員にデジタルで賃金を払うことができる。デジタル賃金の受取口座の上限は100万円。労働者は資金移動業者の破綻などに備えて、資金移動業者が保証委託契約をしている保証会社等と保証契約を結ぶ。

第6章 労働・雇用 確認ドリル

カッコ内に入る言葉を答えよ。

1 2024年4月から「時間外労働の上限規制」が始まることによって特に人手不足が懸念される業種は建設業と（　　）である。

2 労働力人口とは15歳以上の人口のうち、就業者と（　　）を合わせた人口のことを指す。

3 2015年の労働者派遣法改正で、派遣労働者が同じ職場で働ける期間は（　　）年までとなった。

4 日本では、全雇用者のうち非正規雇用の人が（　　）割近くを占めている（2022年）。

5 2022年10月から導入された、父が子の出生後8週間以内に4週間まで育児休業が取得できる制度を（　　）育休という。

6 厚生労働省により、子育て支援など一定の基準を満たしたと認定された企業は、「（　　）マーク」を取得できる。

7 女性の育児休業取得率は8割を超えているのに対し、男性は約（　　）％である（2022年度）。

8 新しい価値を生み出す人材を資本と考えて積極的に投資し、ROI（投資利益率）を高める経営を（　　）という。

9 従業員が所属する組織の理念やパーパス（存在意義）を理解・共感し、自発的に仕事を通して組織に貢献する状態を（　　）という。

10 政府は2025年までにキャッシュレス決裁比率を40%に上げることを目指し、その一環として23年4月に解禁されたのが（　　）である。

【解答】 1. 運輸業　2. 完全失業者　3. 3　4. 4　5. 産後パパ　6. くるみん　7. 17
8. 人的資本経営　9. 従業員エンゲージメント　10. 賃金のデジタル払い

第7章

テクノロジー

「エコカー」「半導体」「宇宙開発」など、
注目を集めている技術を紹介。
基本的な仕組みはぜひ知っておこう。

66 第4次産業革命

> ▶第1次（蒸気機関）、第2次（大量生産技術）、第3次（コンピューター技術）に続く新たな産業の変革期
> ▶第4次産業革命はCPSという概念を基盤に進められる

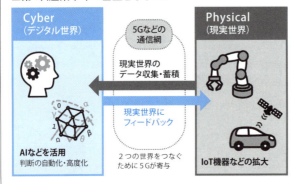

出所：科学技術振興機構、内閣府のウェブサイトを参考に作成

デジタル化で生産効率を大幅にアップ

日本と並ぶモノづくり大国のドイツが、2011年に「インダストリー4.0（第4次産業革命）」を提唱。モノづくりのプロセスの多くをデジタル化し、生産効率を大幅に上げようというものだ。従来型の工場に替えて、「AI（人工知能）」を活用した「スマートファクトリー（考える工場）」へ進化を進めている。第4次産業革命の核となるのが「IoT（インターネット・オブ・シングス）」。モノとインターネットをつなぐことで、いつでもどこからでも離れた場所にあるモノをネットワークでつなぐことができる。

リアルタイムで多くの情報を収集でき、遠隔操作なども可能になる。IoTで集めた膨大なリアルデータを、もうひとつの核であるAIで分析する。その結果がCPSの概念を基に現実にフィードバックされると、モノを自動で動かしたり制御したりすることが可能になるなど、新しいサービスやビジネスモデルが創出されるのである。

経済産業省の資料によると、次なる第5次産業革命は、ゲノム解読やゲノム編集における技術革新など、バイオテクノロジーとAIおよびIT（情報技術）の融合で動き始めるとしている。

67 5G／6G

- 5Gは超高速、超低遅延、多数同時接続などが可能
- 移動体通信規格は約10年ごとにかわる
- 2030年代の実用化を目指し6Gの開発も進む

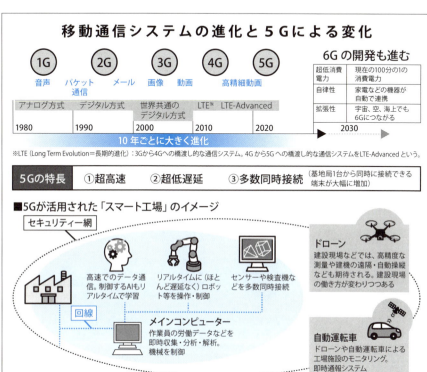

出所：総務省「第5世代移動通信システムについて」「Beyond 5G推進戦略」などを参考に作成

高速ネット環境の整備が急務

5G（5th Generation）とは、第5世代移動通信システムのことで、第4世代（4G）移動通信システムの後継仕様にあたる次世代の通信方式のことだ。日本では2020年3月末に商用サービスが開始された。5Gは4Gと比較して100倍の超高速、1000倍の大容量化、超低遅延を実現し、同時接続して操作可能な機器の数も格段に増える。

ただ、日本の5Gの速度は世界の中では遅いようだ。英国の調査会社によると、23年3～5月の平均ダウンロード速度では、日本は156.5Mbpsで37位。首位の韓国の432.5Mbpsに比べると3分の1近い水準。5Gの特長を生かせる高速ネットワーク環境の整備が急がれる。

5Gでは高精細映像の送信が可能で、医療や農業、教育などへの活用が進む。医療分野では、救急搬送時に救急車から医師に映像を伝送して受け入れ準備に活用したり、手術ロボットの遠隔操作などの実証実験が行われている。移動体通信規格は約10年ごとに進化しており、政府や通信関連の企業では30年代の6G実用化に向けた研究開発が進む。

68 サイバー攻撃

- ▶サイバー攻撃が国家安全保障を脅かす非軍事的手段に
- ▶防衛省に「サイバー防衛隊」、警察庁に「サイバー警察局」を組織

サイバー攻撃の用語解説

標的型攻撃	特定の組織を標的としておこなわれるサイバー攻撃。重要な情報を入手することを目的とする。顧客や取引先を装い、メールを送信するなどして侵入し、遠隔操作により金銭や知的財産などに関する情報などを盗み取る。
マルウエア	悪意を持って開発されたり、利用されるソフトウエアのこと。 ・ウイルス コンピュータープログラムの一部を書き換えることで感染させる。感染したプログラムが実行されると、データの破壊や情報の搾取、さらなる感染も招く。 ・ランサムウエア 勝手にPCをロックしたり、ファイルを暗号化して使用不能にし、「身代金」を要求する不正プログラム。 ・ワーム 宿主となるプログラムが不要なマルウエアのこと。ネットワーク経由でほかのコンピューターに侵入して自らを伝染させ、自動的に自己増殖をする。最近ではUSBメモリーやメモリーカードなどのUSB接続のメディアを介して、増殖と拡大を繰り返す「USBワーム」による被害も多い。 ・バックドア ユーザーに気づかれずコンピューターへアクセスできるようにするプログラム。不正侵入に成功したときに仕掛けられる場合が多い。
DoS攻撃／DDoS攻撃	DoS攻撃はネットワークを利用してPCなどにおこなわれる攻撃。単一のマシンから大量のデータや不正なデータを標的に送りつけて、相手方のシステムをダウンさせ、システムを正常に動作させなくしてしまう。企業はサービスの停止などで機能停止に追い込まれる。 DDoS攻撃は複数のマシンから一斉に標的への攻撃がなされる。
Webサイトへの不正アクセス	外部からサーバーに侵入し、不正にサーバーを乗っ取って操作し、企業がかかえる顧客などの重要情報を盗む。膨大な量の個人情報データが流出してしまう事件が多発している。

サイバー空間は第5の戦場とも

　サイバー攻撃とは、インターネットでパソコンやネットワークに不正に侵入し、データを破壊・改ざんしたり盗んだりする行為。政治的な意思などから、社会の混乱や国家の安全保障を脅かすことを目的とするサイバー攻撃を特にサイバーテロという。年々その脅威は増しており、サイバー空間は、陸、海、空、宇宙に次ぐ「第5の戦場」ともいわれている。

　ロシアはウクライナに対し、送電網などの重要インフラを狙ったサイバー攻撃を行うなど非軍事的な手段も用いたハイブリッド戦を展開。ウクライナ側も「IT(情報技術)軍」を組織、サイバー防衛を強化している。

　2022年9月には、日本政府のポータルサイトなどがDDoSと見られる攻撃を受けて閲覧

ホワイトハッカー：コンピューターやネットワークに関する高度な知識や技術を持つ者が「ハッカー」。悪意を持った不正侵入者を、一般的にハッカーと呼ぶ。それに対して善意を持ってサイバー攻撃に対処するため、知識や技術を使う技術者をホワイトハッカーと呼ぶ。

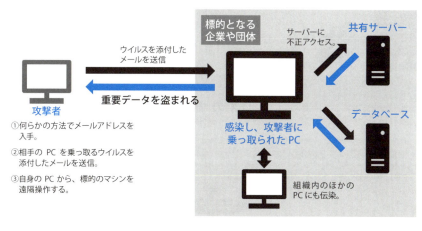

出所:「犯罪のビジネス化」は情報処理推進機構「情報セキュリティ10大脅威2023」

しづらい状態となった。親ロシア派のハクティビスト(ハッカーとアクティビスト〈活動家〉を掛け合わせた造語)「キルネット」が、SNS(交流サイト)に犯行声明を出した。

政府もサイバーセキュリティーをさらに強化

サイバー攻撃には様々なタイプがあり、高度で専門的な知識がないと完全な対処はできない。22年3月には防衛省に「自衛隊サイバー防衛隊」が発足。同年4月には警察庁に「サイバー警察局」を新設、関東管区警察局にも「サイバー特別捜査隊」が発足した。一方、情報処理推進機構の資料によると、アンダーグラウンド市場において、盗んだIDやサイバー攻撃用のツールの売買が活発化。サイバー攻撃が容易に行えるようになり、その脅威が高まったとしている。

アノニマス:サイバー攻撃により政府や企業に抗議を行うハクティビスト。これまで、クーデターを起こしたミャンマー国軍のサイトやウクライナに侵攻したロシア政府のサイトを攻撃。日本も、難民政策への抗議などで政府サイトに攻撃を受けている。

69 DX（デジタルトランスフォーメーション）

- ▶デジタル技術でビジネスモデルや働き方を変えること
- ▶単なる業務のIT化・効率化ではなく新しい価値創造
- ▶小売店のネットシフトや製造業のサービス化などが典型

DXの概念

DXの定義（DX：Digital Transformation、TransをXと略す）
「企業がビジネス環境の激しい変化に対応し、データとデジタル技術を活用して、顧客や社会のニーズを基に、製品やサービス、ビジネスモデルを変革するとともに、業務そのものや、組織プロセス、企業文化・風土を変革し、競争上の優位性を確立すること」（経済産業省『ＤＸ推進指標』とそのガイダンス」より）

要するに…
デジタル技術でビジネスモデルや働き方を変えること

DXの要件
データとデジタル技術で業務の仕組みやサービスを変えてユーザーの不満や課題を解決

ＤＸ デジタルトランスフォーメーション

ユーザーに新たな利便性・価値を提供

コロナ禍で加速したのは業務のIT化

テレワーク

会議・イベントのオンライン化

書類（事務処理）の電子化

→ 単なる業務効率化にとどまらずに、新たな価値創造につなげることが重要

出所：独立行政法人情報処理推進機構の資料を参考に作成

ICTで人々の生活をより良くする

　DXとはデジタルトランスフォーメーション（Digital Transformation）の略で、IT技術の活用・デジタル化による変革を指す。経済産業省が上図のように定義するほか、総務省の「平成30年版情報通信白書」では「ICT（情報通信技術）の浸透が人々の生活をあらゆる面でより良い方向に変化させるデジタルトランスフォーメーション」と明記している。

　新型コロナウイルスの感染拡大を受け、国内ではテレワークや会議のオンライン化、書類の電子化といった「業務のIT化・効率化」がDXとしてとらえられることも多い。単にIT技術を取り入れるというだけでなく、ビジネスモデルや業務の仕組み、サービス（商品）のあり方を根本的に変革し、新たな価値の創造

デジタイゼーション（Digitization）／デジタライゼーション（Digitalization）：前者はアナログ・物理データのデジタルデータ化を、後者は個別の業務・製造プロセスのデジタル化を指す。DXは全体業務・製造プロセスのデジタル化、ビジネスモデルの変革まで目指す。

ビジネスモデルを変革するDXの代表例

実店舗中心の小売業がインターネットに販路を拡大

自動車メーカーが「CASE（ケース）」にシフト（テーマ72参照）

※CASE＝Connected（接続性）Autonomous/Automated（自動運転）、Shared & Service（シェアとサービス）、Electric（電動化）の略

カーシェアやライドシェア事業の展開　　CO_2を排出しない自動車の開発

建設会社が建機を無人化し工事を自動化へ

ドローンで安全巡視　　建機を無人化

銀行がスマートフォンのアプリで銀行機能が利用できるサービス「スマホ銀行（デジタル銀行）」に注力

スマートフォンで預金や送金が可能

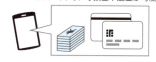

企業のDX事例

トプコン	農機の自動走行システムや農作物の生育状態を計測するセンサーを開発。計画から種まき、育成、収穫までの営農サイクル全体を効率化。
大林組	生産情報と経営情報を融合させたデジタル基盤「BizXBase（一気通貫情報システム）」を構築。営業から竣工、アフターサービスまでの情報を相互に関連付けて一元的に管理。
味の素	シニア世代に加え若い世代も対象に、独自技術を用いた「うま味によるおいしい減塩」レシピを開発、自社の持つメディアなどデジタルを活用した訴求を展開。
第一三共	サイエンス＆テクノロジーとデータ・デジタル技術を掛け合わせ大量で良質な新薬候補化合物を創出しAIを用いて振るい分けるなど、人だけでは不可能な創薬の活動に取り組む。
LIXIL	展示品が閲覧できるオンラインショールームを構築。オンラインで接客、3Dの完成予想イメージや見積もりを即時提供。デジタルを活用した顧客体験の向上に取り組む。
ヤマトホールディングス	EC（電子商取引）専用の物流ネットワークの構築によるコスト低減。業務支援ツールの開発・活用により集配ルートを自動設定するなど効率化。配達品質の向上などに取り組む。

出所：経済産業省「デジタルトランスフォーメーション銘柄（DX銘柄）2023」、各企業のウェブサイトを参考に作成

や利便性を実現できているかがDXか否かを判断するポイントになる。

課題はDX推進人材

DXをビジネスや業務に導入するのは民間企業が先導している。特に創薬分野では、AI（人工知能）を使ったDXがこれまでの仕事を一転させている。従来、新薬の成功確率は3万分の1ともいわれ、開発期間も10年以上かかることが当たり前だった。米国のAI創薬スタートアップが、他社が8年かけて作り上げた化合物のデザインを50日で実現したという例まで出てきている。

一方で、DXを推進する専門人材の不足が深刻だ。現在、デジタル人材は国内に100万人程度で、政府は26年までに230万人が不足すると見ている。人材の育成が急がれる。

2025年の崖：日本企業のDXを阻む一因に老朽化・複雑化したITシステムがある。経産省は、旧来のシステムを放置すると25年からの5年間、毎年12兆円の経済損失が発生するおそれがあるとし、これを「2025年の崖」と名付けて警鐘を鳴らしている。

70 半導体 ★★

- 電気を通す導体と電気を通さない絶縁体の中間の性質を持つ
- デジタル機器を構成する部品で、全ての産業に関わる
- 政府は 2030 年に国内売上高 15 兆円を目指す

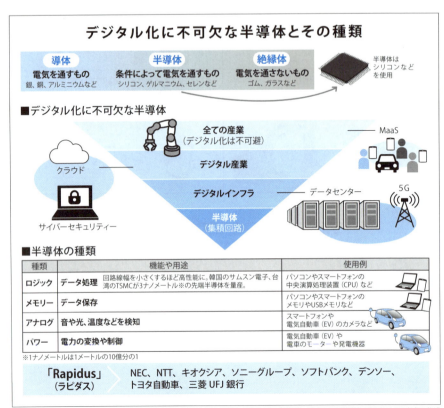

出所：経済産業省「半導体戦略（概略）」2021年6月、「半導体・デジタル産業戦略」2023年6月を参考に作成

国内でより高性能な半導体を生産

　半導体とは、電気を通す銀や銅といった導体と、電気を通さないゴムやガラスなどの絶縁体の中間の性質を持つシリコンやゲルマニウムなどの物質のこと。シリコンなどを素材として製造された半導体集積回路（Integrated Circuit:IC）を含めて半導体と呼ぶことも多い。

　スマートフォンやパソコンなどのデジタル機器、データセンターなどのデジタルインフラなど、どの産業にも欠かせない重要部品。人で言えば脳の役割を担いデータを処理するロジック半導体、データを保存するメモリー半導体、光や音を検知するアナログ半導体、心臓や筋肉に例えられ電力を効率的に制御するパワー半導体などに分かれている。

　政府は 2030 年に国内の半導体関連の売上高 15 兆円超を目指す。台湾の製造受託会社（ファウンドリー）の台湾積体電路製造（TSMC）を熊本に誘致したほか、トヨタ自動車や NTT など 8 社が共同出資したラピダスに資金を支援。同社は北海道に工場を建設、27 年に最先端ロジック半導体を量産する計画だ。

71 宇宙開発 ★★

ポイント
- ▶様々な分野で、宇宙環境の利用が進められている
- ▶水資源などを巡り月探査ラッシュに
- ▶日本はアルテミス計画への参加と独自の月探査を進める

月を目指す世界の動き

日本の月探査

 日本は独自の月探査プロジェクトを進行。

2022年11月 JAXA探査機「OMOTENASHI（オモテナシ）」	ロケットから分離後、通信ができず月面着陸を断念
2023年4月 ispaceの月面探査プログラム「HAKUTO-R」	高度測定に誤差があり、月着陸船が月面に衝突
2023年9月 JAXA探査機（小型月着陸実証機）「SLIM」	打ち上げ成功、24年1〜2月に月面着陸に臨む

アルテミス計画

米国が主導する月面有人探査計画。月の周回軌道上にゲートウェイと呼ばれる宇宙ステーションの建設を進める。20年代後半に日本人宇宙飛行士の月面着陸を目指す。米国は1966年に無人機で月着陸、69年にアポロ11号で有人着陸に成功。

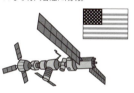

各国の月探査

 ロシア — 1966年の旧ソ連時代に無人機で月着陸。2023年8月に探査機「ルナ25号」の打ち上げに成功したが、月面に衝突。

 中国 — 2013年「嫦娥3号」が月着陸。20年「嫦娥5号」が月着陸し、土壌をサンプルリターン。2030年までに月面に有人着陸を目指す。

 インド — 2023年7月、「チャンドラヤーン3号」を打ち上げ、月の南極への着陸に成功。

宇宙ゴミ（スペースデブリ）問題も！
人工衛星やロケットの残骸など、大量の宇宙ゴミも問題となっている。

H3ロケット打ち上げ

宇宙航空研究開発機構（JAXA）は、国の次期主力ロケット「H3ロケット」初号機を2023年3月に打ち上げるも失敗。現在の主力ロケット「H2Aロケット」に比べて半分のコスト（約50億円）で打ち上げられるのが特長。

宇宙ステーション

国際宇宙ステーション（ISS）	中国の宇宙ステーション「天宮」
日米欧やカナダ、ロシアなど15カ国が共同で施設を開発、運用。宇宙飛行士が長期滞在をして宇宙空間を利用した実験を行っている。	「宇宙強国」を掲げる中国が独自で建設、運用。基幹施設「天和」、実験施設「問天」「夢天」からなる。

インドが月の南極の着陸に成功

国境がない宇宙空間を舞台に、様々な開発が進んでいる。ISSでの様々な実験から、放送用、気象用衛星、弾道ミサイル発射探知など軍事に利用する衛星の打ち上げ、惑星探査、ロケットでの宇宙旅行まである。

近年各国が注力しているのが月探査。月には水や氷が存在する可能性があるが、酸素やロケット燃料を生み出すのに十分な水資源を発見できれば、月面での経済圏の形成や軍事利用、さらに遠くに位置する火星探査の足掛かりにできるなど、それぞれの思惑で着陸競争を繰り広げている。インドは2023年7月に世界で初めて月の南極着陸に成功、探査を始めた。日本は25年以降にインドと共同で月面探査計画「LUPEX（ルペックス）」を実施する予定だ。米国主導のアルテミス計画では、20年代後半に日本人宇宙飛行士の月面着陸を目指すが、その候補として宇宙航空研究開発機構（JAXA）は諏訪理さん、米田あゆさんの2人を発表した。

従来は国単位で進められてきた宇宙開発だが、今は「スペースX」に代表される民間企業の参入も目立ってきている。

72 エコカー

- 世界でガソリン車から電気自動車（EV）などのエコカーへの移行が進む。普及に向けた技術開発にも注目
- 日本は2035年までにエコカー普及率100%を目指す

自家用乗用車の二酸化炭素（CO_2）排出量とエコカーの種類

■運輸部門におけるCO_2排出量（2021年度）

運輸部門のCO_2排出量は1億8500万トンで排出量全体の17.4%を占める

| 自家用乗用車 8191万トン／44.3% | 営業用貨物車 4247万トン／23.0% | 自家用貨物車 3109万トン／16.8% | バス、タクシー、二輪車 488万トン／2.7% | 航空 682万トン 3.7% | 内航海運 1010万トン 5.5% | 鉄道 751万トン 4.1% |

■エコカーの種類 ※ENG:エンジン／BAT:バッテリー／MOT:モーター／FC:フューエルセル

電気自動車（EV）

バッテリー（蓄電池）に蓄えた電気でモーターを回転させて走る自動車

プラグインハイブリッド自動車（PHEV）
ハイブリッド自動車の中で家庭用電源などで車両側のバッテリーに充電することができるもの。発電と充電の両方ができる

天然ガス自動車

天然ガスを燃料として走る自動車

燃料電池自動車（FCV）

水素と酸素を反応させて燃料電池で発電し、その電気でモーターを回転させて走る自動車。水素で発電する電気自動車

水素自動車

水素を燃料としてエンジンを回して走行する水素自動車もある

クリーンディーゼル自動車
2009年10月に導入された「ポスト新長期規制」と呼ばれる排出ガス基準に対応したディーゼル自動車

ハイブリッド自動車（HV）
ガソリンと電気など複数の動力源を組み合わせることで、低燃費と低排出を実現する自動車

出所:（上図）資源エネルギー庁ウェブサイト、環境省「次世代モビリティガイドブック」を基に作成

世界で進むEVの普及

エコカーは「エコロジー（自然環境保全）カー（車）」の略で、その名の通り環境に配慮した車のこと。ガソリン車やディーゼル車はガソリンや軽油を燃焼させて二酸化炭素を排出し、温暖化を進める要因の1つになっている。そのため脱炭素社会を目指す全世界で、電気を燃料とする電気自動車（EV）を中心とするエコカーの普及が進んでいる。

ガソリン車からEVに移行するEVシフトは、特にヨーロッパ諸国や中国で積極的に推し進められている。国際エネルギー機関（IEA）の「世界EV見通し2023」によると、22年のEVとプラグインハイブリッド車（PHV）の世界販売台数は前年比55%増の1020万台となり、初めて1000万台を超えた。地域別では、中

ディーゼル車：ディーゼルエンジンを搭載した車。燃料に、ガソリンではなく軽油を使用する。ディーゼル車から排出される大気汚染物質と健康被害の関係性が判明。東京都では条例で定める粒子状物質排出基準を満たさない場合、都内の走行が禁止されている。

エコカーの普及状況と目標、普及に向けた技術開発

■世界のEV、PHV普及数

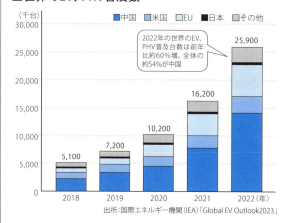

出所：国際エネルギー機関（IEA）「Global EV Outlook 2023」

2022年の世界のEV、PHV普及台数は前年比約60%増、全体の約54%が中国

自動車の変革期を示すキーワードとして注目を集めているのが **CASE**（ケース）。Connected（接続性）は高精度な電子制御が可能な電気自動車（EV）との相性がよく、自動運転の進展にも欠かせない要素。

Connected
接続性、IoT社会との連携進化。

Autonomous
自動運転社会の到来。

Shared & **S**ervice
車の所有から共有ヘシフト、サービスとしての車。

Electric
車の動力源の電動化。

■各国のエコカー普及目標

 日本：新車販売において2035年までに電動車（FCV、EV、PHV、HV）100%

 米国：2030年までにEV、PHV、FCVで50%

 EU：2035年以降の新車販売は原則ゼロエミッション車　内燃機関車でも、温室効果ガス排出をゼロとみなす合成燃料を使用するものは販売が認められる。

 中国：2035年までにHV50%、EV、PHV、FCVで50%
※自動車エンジニア学会発表

■EV普及に向けた技術開発

▶全固体電池
電解質部分が固体で、現在使用されている液体電池よりも安全で大容量、EVの航続距離を伸ばせるなどのメリットがあり研究が進む。トヨタ自動車が2027年の実用化を発表。

▶無線（ワイヤレス）給電
走行中の給電が可能で、充電ステーションでの給電が不要に。実用化に向けて実証実験が進む。

出所：「各国のエコカー普及目標」資源エネルギー庁ウェブサイト、国土交通省ウェブサイトを参考に作成

国が前年比80%増の590万台で、EV販売台数全体の約60%を占める。欧州が15%増の260万台、米国が55%増の99万台。日本の22年EV販売台数は、日本自動車販売協会連合会によると、5万58813台と、米欧中に後れを取っている。

日本は35年までに100%電動化

脱炭素社会の実現に向け、各国が目標を設定しエコカーの普及を目指す。日本は菅義偉前首相が21年に「2035年までに新車販売をすべて電動車にする」と宣言。エコカー減税など優遇策で普及を後押しする。中国も35年までに電動化、米国は30年までに50%電動化といった目標を掲げる。

EV普及の促進に向け、全固体電池や無線給電などの技術開発も進んでいる。

エコカーの「移動式電源」活用：電気自動車（EV）や燃料電池自動車などは、外部への電力供給が可能なため、災害時の移動式電源として活用可能。自治体と自動車メーカー等が、災害時の電力確保に関して協定を締結する動きも広がっている。

73 メタバース

★★★

- ▶インターネット上に構築された仮想の三次元空間
- ▶アバターを操作するオンラインゲームが代表的
- ▶コミュニケーションやビジネスの場として利用

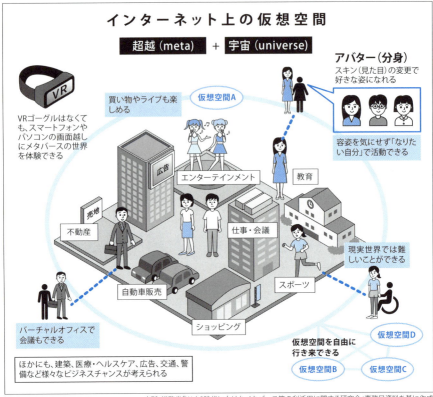

出所:総務省「Web3時代に向けたメタバース等の利活用に関する研究会」事務局資料を基に作成

身近な例はオンラインゲーム

　インターネット上に構築された仮想の三次元空間をメタバースと呼ぶ。利用者はアバター（分身）となってメタバースに没入するがVRゴーグルは必須ではなく、スマートフォンの画面越しでも体験できる。各メタバースはプラットフォーマー（運営事業者）によって設置され、現状ではオンラインゲームで普及。イベント会場、オフィス、教室といった場をメタバース内に設置する例もある。

　アバターでなりたい姿に変身し、現実世界では不可能な経験ができる特徴を生かした利用や、対面でのコミュニケーションが難しいときの利用など、リアルとバーチャルの使い分けが増えると見られる。コミュニケーションがSNS（交流サイト）からメタバース内でのやりと

デジタルツイン：現実世界から集めたデータを基に、サイバー空間（仮想空間）に全く同じものを再現することをいう。例えば、製品が故障した場合、現物を調査しなくても、仮想空間にある「デジタルツイン」を調査・分析することで、原因解明につなげられる。

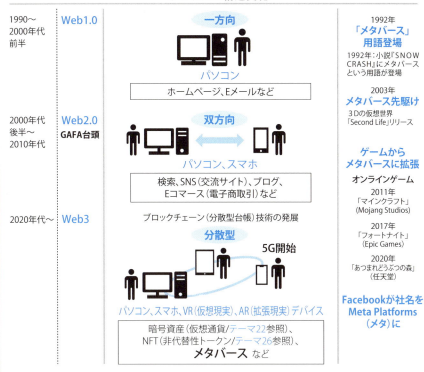

メタバースまでのデジタル構造の変化

出所：(上図)総務省「Web3時代に向けたメタバース等の利活用に関する研究会」事務局資料をなど基に作成

りに移行する可能性がある。

ビジネス・就活でも活用

　ビジネスや教育など、メタバースの活用範囲は拡大。上の図内に挙げた活用例のほかに、日産自動車と日産東京販売は販売スタッフへの相談やバーチャル試乗ができる仮想店舗を開設。人材サービスのネオキャリアはメタバース上で合同企業説明会を開催。就活生はアバターで参加でき、個人情報を開示することなく企業と本音の質疑応答ができるという。長野県阿智村では昭和30年代の昼神温泉の様子を再現するなど、新たなアイデアが生まれている。Web3といわれるブロックチェーン（分散型台帳）技術の発展で、メタバース上で暗号資産（仮想通貨）を使って商品を購入できるようにする取り組みも進む。

 関連キーワード　**東京大学のメタバース工学部**：デジタル技術などを誰でも学べるプラットフォーム「メタバース工学部」を2022年9月に設立。仮想空間「メタバース」を活用したプログラムを提供。ソニーグループや三菱電機などの協力のもと、産学連携で活動を進めている。

74 再生可能エネルギー、次世代エネルギー

▶再生可能エネルギーは自然の力を利用して発電、永続的に繰り返し利用が可能
▶脱炭素、地政学リスク、災害リスク回避に備えて普及を拡大

電源構成の目標と再生可能エネルギーの種類

■2030年度の電源構成の目標

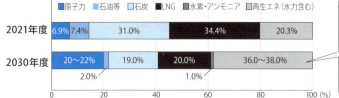

凡例: ■原子力 ■石油等 ■石炭 ■LNG ■水素・アンモニア ■再生エネ(水力含む)

2021年度: 6.9% 7.4% 31.0% 34.4% 20.3%
2030年度: 20〜22% 2.0% 19.0% 20.0% 1.0% 36.0〜38.0%

地熱1%
バイオマス5%程度
風力5%程度
水力11%程度
太陽光14〜16%程度

太陽光発電
太陽光エネルギーを太陽電池に当てることで電気に変換する。
○日が当たりさえすれば様々な場所に設置可能。
×日中しか発電できず、天候にも左右されやすい。

風力発電
風車を使って風のエネルギーを電力に変換する。
○エネルギー変換効率が高く、昼夜問わず発電可能。
×建設や用地交渉など開発コストが高い。

水力発電
水の流れや落下の運動エネルギーを電力に変える。
○流量調整による安定した供給。長期稼働可能。
×用地調査が難しく、利権や地域住民などの調整コストも高い。

バイオマス発電
動植物などの生物資源を「燃焼」や「ガス化」により発電する。
○廃棄物の活用など、循環型社会構築への寄与度が大きい。
×設備コスト、資源運搬コストが高い。

地熱発電
地下水がマグマの力で加熱されてできた蒸気の力を利用。
○天候や時間に左右されずに安定供給。
×適地の多くが公園や温泉地のため、地域との調整が必要。

凡例: ○=メリット ×=デメリット

出所:資源エネルギー庁のウェブサイトを参考に作成

30年に再生エネ38%に

再生可能エネルギー（再生エネ）とは、太陽光や風力など自然界に存在する非化石エネルギー源の総称で、原則として枯渇せず繰り返し利用できる。地球温暖化対策として各国で積極的な導入が進んでいる。2021年に閣議決定された「第6次エネルギー基本計画」では、再生エネ比率を30年に36〜38%とする目標を定めているが、21年の日本の電源構成では再生エネ比率は約20%と低い水準にとどまっている。

再生エネ普及拡大に向けて注目されているのが「ペロブスカイト型太陽電池」と洋上風力発電だ。前者は、桐蔭横浜大学の宮坂力特任教授が09年に発明した。薄いフィルム状で軽く、曲面に貼ることもできる。設置が難しかっ

グリーン水素・ブルー水素：グリーン水素は再生可能エネルギーを利用して作られた水素。ブルー水素は化石燃料とCCS（CO_2の回収・貯留）・CCUS（CO_2の回収・利用・貯留）を利用して作られた水素。水素製造時のCO_2の排出を低減、排出しないのが特徴。

再生可能エネルギー拡大に向けた技術

■ペロブスカイト型太陽電池の開発
政府は2030年までに普及させる方針

・日本が生産量世界2位のヨウ素が主原料。
・薄いフィルム状で軽量、耐荷重の低い屋根にも設置が可能に。
・壁面や曲面にも貼ることができる。

■浮体式洋上風力発電の普及促進
浮体式洋上風力発電の設置を進め、2030年までに洋上風力発電全体で10GWの発電量を目指す

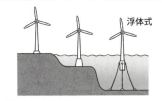

・陸地よりも風が強い。
・風力発電を設置する土地の取得や騒音問題などを避けられる。
・土台が不要なため、水深にかかわらず設置可能。

■広域送電網の整備
大手電力会社が管理するエリアにかかわらず電力を相互に融通し合うシステム。電力が足りなくなった際などに有効活用するため、政府は整備を進める。

広域送電網の例

九州～中国 増強予定

北海道－東北－東京
北海道－東北－東京に向けて送電網の増強を進めている。

東西連系線
周波数が異なるため、困難だった東西間での送電の強化に向け、周波数変換装置を含む送電設備を増強

期待される次世代エネルギー

水素発電	アンモニア発電
水素（H_2）と酸素（O_2）を反応させる発電方法。同方法で発電する燃料電池は、CO_2が発生しない発電手段として、燃料電池車などで利用されている。	アンモニア（NH_3）は、燃焼時にCO_2を発生しないため、化石燃料の代替として開発が進む。液化天然ガス（LNG）との混焼や石炭火力での混焼でCO_2削減効果もある。

出所：資源エネルギー庁「浮体式洋上風力発電に関する国内外の動向等について」「送配電事業の在り方について」などを参考に作成

た場所や、ビルの壁や窓に貼って発電することも可能だ。洋上風力発電は、陸地よりも風が強い洋上で発電でき、騒音などの問題も避けられるというメリットがある。浮体式であれば深い海域でも設置が可能で、洋上風力発電の導入拡大が見込める。

広域送電網に、水素、アンモニア発電も

再生エネ普及のさらなる切り札は、広域送電網の整備だ。これまで電力会社は管轄外の地域へ大量に送電する体制をとっていなかったが、広域送電網を整備し電力を融通し合う体制を整える。

再生エネのほかにも、燃焼時に二酸化炭素（CO_2）を発生しないクリーンエネルギーとして水素やアンモニアを燃料に使う発電の研究開発も進んでいる。

グリーン成長戦略：政府は2021年6月に「2050年カーボンニュートラルに伴うグリーン成長戦略」を策定。「洋上風力・太陽光・地熱産業」「水素・燃焼アンモニア産業」などを、成長が期待される分野として選定した。

75 量子技術 ★★

- 量子力学を応用した世界で注目の技術
- 量子コンピューターはスパコンより計算速度が飛躍的に速い

量子技術の例

量子
量子とは、モノを形作る「原子」よりも小さな物質やエネルギーの単位のこと。大きさはナノサイズ（1メートルの10億分の1）あるいはそれより小さな世界。電子や、光の最小単位の光子がある。

量子技術
極めて小さな量子の世界では、身の回りにある物理法則が通用せず、「量子力学」という法則に従っている。この性質を生かして新しい技術を生み出す。

量子コンピューター
「量子ビット」が0でもあり1でもある「重ね合わせ」の状態を利用し、計算速度がスーパーコンピューターよりも飛躍的に速いコンピューター。創薬や素材開発、防災などに役立つ

2019年に米グーグルの研究グループなどが、スーパーコンピューターが1万年かかる計算を、量子コンピューターは200秒で実行したと発表。

2つ以上の数字の組み合わせも同時に表すことができる。

2量子bitのデータで0か1か定まらない状態
1度に処理することができる
（単位：量子bit）
コインの裏表を0か1とした場合、コインが回転し、まだ0か1か未確定の状態であるという考え方が元になっている。

量子通信・暗号
データを暗号化して光の粒子（光子）に暗号鍵を乗せ、通信する。読み取りなど外部から触れられると状態が変化。情報の盗み見の検知が簡単になる。

物理法則が通用しない量子力学

一般的な物理法則が通用しない「量子力学」の原理を応用した量子技術に世界が取り組んでいる。2019年に米グーグルは、量子コンピューターの圧倒的な計算速度を世界に発表した。

日本では、理化学研究所を中心とした共同研究グループが23年3月に国産初の量子コンピューターを稼働。セキュリティーに優れた量子通信・暗号の分野では、東芝やNEC、NTTなどが、多数の特許を持ち開発を進めている。

76 小型衛星コンステレーション ★★

- 地球全体を網羅するグローバルな通信網
- 宇宙空間にある通信網で、災害の影響を受けにくい

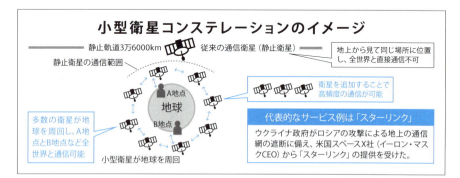

小型衛星コンステレーションのイメージ

防災、防衛分野でも活用

コンステレーションは星座の意で、多数の小型衛星同士が接続する通信サービス。現在、日本が衛星放送などで使用している静止衛星ではできない、全世界との通信を可能にする。

防災では被災地との通信や衛星画像の取得による災害状況の把握、防衛ではミサイルやドローンなどの誘導に活用できる。政府は2025年度までに小型衛星コンステレーションを構築する方針だ。

77 空飛ぶクルマ

- ▶垂直離着陸ができ、滑走路のいらない航空機
- ▶環境に配慮した次世代モビリティの一つ

電動化と自動操縦技術による航空機

空飛ぶクルマとは、垂直に離着陸する技術を使い飛行する滑走路がいらない航空機のこと。なかでも、電動で温室効果ガスを排出しない電動垂直離着陸機（eVTOL）が主流になるといわれる。自動操縦で人や物を運べることも特徴の一つ。住友商事などが出資するドイツのボロコプターが2023年6月のフランス「パリ航空ショー」でデモ飛行。25年の大阪・関西万博での商用運行を目指している。

78 バイオものづくり

- ▶ゲノム解析とIT・AI技術で「バイオ×デジタル」の開発が進展
- ▶「スマートセル」がものづくりで活躍

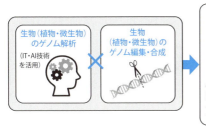
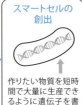

出所：経済産業省「バイオものづくり革命の実現」などを基に作成

スマートセルを使った新しいものづくり

微生物や動植物などの細胞にゲノム編集や遺伝子組み換えを行い、目的に合わせて機能を高めたものを「スマートセル」という。これを使ったバイオものづくりが進展している。スマートセルを活用し、自然の中で分解する生分解性プラスチックや強度のある人工クモ糸、培養肉などが生み出されている。海洋汚染や食料問題などの課題解決と経済成長がともに望める研究分野として位置付けられている。

第7章 テクノロジー	確認ドリル

カッコ内に入る言葉を答えよ。

1 あらゆるモノとインターネットをつなぐことによって、情報収集や遠隔操作が可能になることを（　　　）という。

2 5Gの特徴は、超高速、超低遅延、（　　　）である。

3 サイバー攻撃の一種で、勝手にPCをロックしたり、ファイルを暗号化して使用不能にしたりして、「身代金」を要求する不正プログラムを（　　　）という。

4 トヨタ自動車やNTTなど8社が共同出資し設立、国も支援する半導体メーカーは（　　　）である。

5 米国が主導する月面有人探査計画を（　　　）という。

6 政府は（　　　）年までに、新車販売をすべて電動車にする目標を掲げている。

7 2021年度の電源構成の再生可能エネルギー比率（水力含む）は約（　　　）％である。

8 薄いフィルム状で折り曲げることもできるので、ビルの壁や窓に張ることもできる次世代の太陽電池を（　　　）型太陽電池という。

9 グーグルの研究グループによると（　　　）コンピューターは、スーパーコンピューターが1万年かかる計算を200秒で実行したとされる。

10 宇宙空間にあることで災害の影響を受けにくく、地球全体を網羅するグローバルな通信網を（　　　）という。

【解答】 1.IoT　2.多数同時接続　3.ランサムウエア　4.ラピダス　5.アルテミス計画　6.2035　7.20　8.ペロブスカイト　9.量子　10.小型衛星コンステレーション

第8章

社会・環境

「国土強靱化」や「原発再稼働」など、
世間の関心が高いテーマや、
社会で話題になったニュースを集めた。

79 国土強靭化

- ▶自然災害が多い日本は防災の取り組みが不可欠
- ▶災害被害を最小限に抑え、迅速に復旧・復興できる「強さとしなやかさ」を備えた経済社会システムの構築を推進

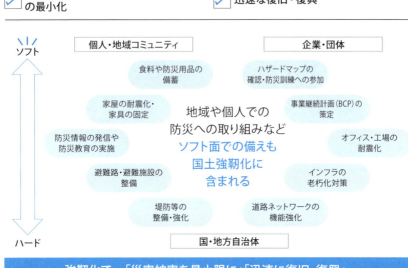

出所:内閣官房「すすめよう災害に強い国づくり」を基に作成

強くてしなやかな国づくり

日本では、1995年の阪神・淡路大震災以降、インフラの耐震性強化を進めてきた。しかし、2011年の東日本大震災で防潮堤などハード中心の対策の限界が露呈。一方、防災教育に基づく避難行動が命を救うケースもあった。そこで、災害が起きても、社会の被害が致命的にならず、迅速に回復する「強さとしなやかさ」を備えた経済社会システムを構築する「国土強靭化」という考え方が生まれた。国土強靭化に関する国の計画等の指針を定めた「国土強靭化基本計画」は、国土強靭化基本法に基づき14年に初めて策定された。内容はおおむね5年ごとに見直されている。

政府はハード面、ソフト面ともに取り組むことを国土強靭化とし、防災情報の発信や避難

事業継続計画（BCP）：Business Continuity Planの略で、災害や事故、テロなどの非常時に損害を最小限に抑え、重要業務の継続や早期復旧を可能とするために企業が事前に取り決めておく行動計画。2011年の東日本大震災を受けて認知が進み、コロナ禍においてさらに策定の重要性が再確認された。

「防災・減災、国土強靭化のための5か年加速化対策」の重点施策

①激甚化する風水害や切迫する大規模地震等への対策

治水対策の例：治水ダムの建設／土砂崩れに対応した砂防ダムの建設／遊水池の整備／堤防の整備

気象災害や地震などによる被害を抑えるための防災インフラの整備と、迅速な復旧・復興のための取り組みなどを推進。

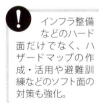

インフラ整備などのハード面だけでなく、ハザードマップの作成・活用や避難訓練などのソフト面の対策も強化。

ハザードマップ

②予防保全型インフラメンテナンスへの転換に向けた老朽化対策

日本のインフラの大半は、高度経済成長期に整備され、耐用年数が近づいている。国土交通省は、リスクの高いインフラの集中的な修繕などを実施。

■建設後50年以上経過するインフラ設備の割合

	2020年	2030年	2040年
道路橋	30%	55%	75%
トンネル	22%	36%	53%
河川管理施設	10%	23%	38%
下水道管きょ	5%	16%	35%
港湾施設	21%	43%	66%

③国土強靭化に関する施策を効率的に進めるためのデジタル化等を推進

気象情報などを収集・集積し、効果のある情報発信や、災害の予測に基づいた対策を推進。インフラの整備において、AI（人工知能）やロボットの活用なども検討。

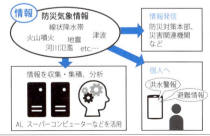

情報：防災気象情報（線状降水帯、火山噴火、地震、津波、河川氾濫 etc…）
情報発信：防災対策本部、災害関連機関など
情報を収集・集積、分析／AI、スーパーコンピューターなどを活用
個人へ：洪水警報、避難情報

出所：内閣官房「防災・減災、国土強靭化のための5か年加速化対策」、国土交通省のウェブサイトを基に作成

訓練などのソフト施策、堤防や避難路の整備などのハード施策などを進めている。コロナ禍での避難所生活など、パンデミック下における大規模自然災害発生の想定など、新たな課題も挙がっている。

また、5か年加速化対策（21年度～）では、老朽化したインフラを修繕する「予防保全」や流域全体で水害に備える「流域治水」などを柱とした。日本の社会インフラの大半は、高度経済成長期に整備されたため、耐用年数が近づいている。国土交通省によると、道路橋の場合、全国の約30％が建設から耐用年数の50年を経過しているという（20年3月末時点）。インフラの点検や維持管理には、ドローンやAI（人工知能）といったデジタルの活用を推進している。

関連キーワード

L（Local）アラート：災害発生時に、地方自治体等が発する避難指示などの災害情報を集約し、テレビやラジオ局、携帯電話事業者などの多様なメディアに一斉配信して地域住民へ災害情報を迅速に伝達するシステム。平時も、地域のイベント情報を配信している。

80 防災―関東大震災から100年

ポイント ★★
- 2023年9月で関東大震災から100年、政府が防災意識の向上を呼び掛け
- 災害情報の収集・伝達方法の改善にも取り組む

大規模地震の被害予測と防災情報

	東日本大震災 (2011年3月11日) 実被害	南海トラフ 巨大地震 (推計)	首都 直下地震 (推計)	日本海溝・ 千島海溝 沿いの 巨大地震(推計)	関東大震災 1923年(大正12年) 9月1日
人的被害 (死者)	約2.0万人	最大 約32.3万人	最大 約2.3万人	最大 約19.9万人	地震規模： マグニチュード7.9 直接死・行方不明： 約10万5000人 (うち焼死約9割) 経済被害：約55億円 (当時の国家予算約14億円)
資産等の 直接被害	約17兆円	約170兆円	約47兆円	約25兆円	
生産・サービス低下による 被害を含めた場合	約214兆円	約95兆円	約31兆円		

緊急地震速報の発表基準　[発表基準] 震度5弱以上を予測した場合　[対象地域] 震度4以上を想定した地域
または、最大長周期地震動階級3以上を予想した場合、予想した地域
※長周期地震動は、大きな地震で起こる周期(揺れが1往復するのにかかる時間)が長く、大きな揺れのこと。

■津波警報・注意報の分類

地震発生 → およそ3分後 津波警報第1報 → およそ15分後 津波警報更新報

- マグニチュード8を超える巨大地震：高さ予想は「巨大」「高い」で発表 → 高さ予想は5段階の数値で発表
- 巨大地震以外の場合：高さ予想は5段階の数値で発表

○5段階の数値
大津波警報：巨大	10m超	10m (10m<高さ)	5m (5m<高さ≦10m) (3m<高さ≦5m)
津波警報：高い		3m (1m<高さ≦5m)	
津波注意報：表記しない		1m (20cm≦高さ≦1m)	

■風水害　地震のほか、台風や大雨などの自然災害も多数発生

風水害
1時間に50ミリ以上の雨
334回/年間
※気象庁「大雨や猛暑など(極端現象)のこれまでの変化」より全国(アメダス)の1時間降水量50mm以上の年間発生回数より最近10年間(2011年〜2020年)の平均年間発生回数

●避難情報：5段階の警戒レベル

警戒レベル1	警戒レベル2	警戒レベル3	警戒レベル4	警戒レベル5
早期注意情報	大雨・洪水・高潮注意報	高齢者等避難	避難指示	命の危険 直ちに安全確保！
心構えを高める	避難行動の確認	避難に時間を要する人などは避難	危険な場所から安全な場所へ全員避難	すでに災害が発生・切迫している状況

気象庁が発表 ← → 市区町村が発表　警戒レベル4までに必ず避難！

出所：内閣府「防災情報ページ」、政府広報オンライン、気象庁のウェブサイトを基に作成

災害大国・日本

1923年9月1日にマグニチュード7.9の地震が発生し、未曽有の被害をもたらした関東大震災。2023年で100年目という節目を、「防災」について考える機会にと、政府が呼び掛けている。関東大震災は、相模トラフを震源とし、埼玉県、千葉県、東京都、神奈川県、山梨県で震度6を観測。午前11時58分という昼食の調理時間帯の発生が、大規模な火災被害につながった。

日本は北米プレート、ユーラシアプレート、太平洋プレート、フィリピン海プレートの4つのプレートの上にあり、活断層やプレート境界が分布する地震が発生しやすい条件にある。日本列島の太平洋側を縦断する広範囲での揺れと津波被害が予想される「南海トラフ巨大地震」など大規模地震の発生の確率も高まっている。

近年は豪雨災害も激甚化・頻発化。各地で甚大な被害が出ていることから、19年5月より防災気象情報は、災害発生の危険度と取るべき避難行動を直感的に理解できるよう、5段階の警戒レベル(数字が大きいほど災害発生の危険度が高い)を用いて伝えられている。

81 代替たんぱく質

★★

ポイント
▶人口増や環境問題を背景に代替たんぱく質の開発が進む
▶植物肉や昆虫食に注目が集まる
▶代替たんぱく質の商品化も続々

植物肉、昆虫食など代替たんぱく質が注目される背景

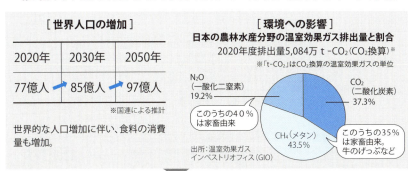

[世界人口の増加]

2020年	2030年	2050年
77億人	85億人	97億人

※国連による推計

世界的な人口増加に伴い、食料の消費量も増加。

[環境への影響]
日本の農林水産分野の温室効果ガス排出量と割合
2020年度排出量5,084万 t -CO₂（CO₂換算）※
※「t-CO₂」はCO₂換算の温室効果ガスの単位

- N₂O（一酸化二窒素）19.2% — このうちの40%は家畜由来
- CO₂（二酸化炭素）37.3%
- CH₄（メタン）43.5% — このうちの35%は家畜由来。牛のげっぷなど

出所：温室効果ガスインベントリオフィス（GIO）

植物肉を開発
大豆やえんどう豆など植物由来の原料を使用して、肉に似た食感を楽しむ植物肉の消費が伸びている。

植物肉はハンバーガーチェーンでも活用

培養肉
肉の細胞を培養して人工的に食肉を作る培養肉の研究開発への投資が増えている。

昆虫食に注目
昆虫食は環境負荷が少なくたんぱく質が豊富

牛のげっぷを抑える飼料の開発も進む

	温室効果ガス排出量	必要な飼料の量
	体重1kg当たり	
牛	2850g	10.0kg
昆虫	2g	1.7kg

出所：国連食糧農業機関「FORESTRY PAPER171」を参考に作成

代替卵商品 キユーピーは21年6月、植物性たんぱく質を由来としたスクランブルエッグ状の「代替卵」商品を発売。

出所：農林水産省、環境省のウェブサイトを参考に作成

持続可能な食品の開発

肉などの代わりにたんぱく源となる、持続可能な食品は代替たんぱく質と呼ばれ、植物肉や昆虫食などが注目されている。日本ハムなどは、植物由来の代替肉を商品化し、培養肉も含め開発に注力している。2023年7月には、いよいよ米国で動物の細胞を使った培養肉の販売が始まった。

代替たんぱく質の普及が進む背景には、環境問題や食料問題がある。世界的な人口増加などにより食肉の需要は伸びるが、供給に課題を抱える。水資源が減少し、食肉生産に必要な水や穀物飼料の確保が難しくなりつつあり、牛のげっぷ等には温室効果ガスが含まれることも課題となっている。また、ベジタリアン（菜食主義者）や卵・乳製品なども食べないビーガン向けに普及が進んでいることもある。

国連食糧農業機関（FAO）は2013年、食料難に備えて、たんぱく質を効率よく摂取できる昆虫食を推奨。日本でもコオロギを原料とした食品が商品化されている。セミ、アリ、ハチ、ゲンゴロウなども素材として利用されている。

82 原発再稼働

- 2011年に起こった東日本大震災以降、原発の依存度は低減
- 電力需要逼迫、エネルギー情勢の変化により原発を活用へ
- 政府は原発の稼働年数の延長、次世代革新炉の建設を計画

原子力発電の現状と課題

政府によるエネルギー政策の基本方針 S+3E
- 安全性 Safety
- 安定供給 Energy Security
- 経済効率性 Economic Efficiency
- 環境適合 Environment

2023年2月 GX実現に向けた基本方針
「再生可能エネルギー、原子力などエネルギー安全保障に寄与し、脱炭素効果の高い電源を**最大限活用**」

エネルギー自給率の向上
1次エネルギー自給率（2021年度）
- 自給率 13%
- 海外依存率 87%

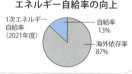

＋脱炭素

原子力発電所稼働年数延長
原則40年、最長60年の運転規定のところ、「一定の停止期間分」の延長を可能とする（GX電源法）

次世代革新炉の建設
廃炉となる原発の敷地内での建て替えを具体化

電源構成 原子力発電が占める割合
- 2021年度 6.8%
- 2030年度 20〜22%に！

日本の原子力発電所の稼働状況 全36基（2023年8月現在）

再稼働	設置変更許可（安全審査通過済稼働可）	新規制基礎審査中	安全審査未申請
11基 稼働中11基、停止中0基	6基	10基	9基

原子力発電の主な課題

再稼働に向けて「安全」と「安心」の確保
- 自然災害への対策（地震や津波など）
- 重大事故への対策（水素爆発防止、テロ対策） など

高レベル放射性廃棄物（核のゴミ）の処理 など
核燃料の95%は再利用、5%が核のゴミ

出所：経済産業省「GXに向けた基本方針」、資源エネルギー庁ウェブサイトを基に作成

原発を最大限活用

2011年の東日本大震災に伴う東京電力福島第一原子力発電所の事故後、政府は原発の運転期間を原則40年・最長60年とするよう法改正。新しい原発を建設することや建て替えもしないという方針を示した。

22年3月の福島県沖地震の影響で、複数の火力発電所が停止。同年6月の猛暑の際に東京電力管内の電力需給が逼迫した。政府は、冬の需要を想定し安全審査を通過している原発を再稼働することを発表した。

日本は現在、火力発電等に使用する化石燃料の約9割を海外に依存している。国際情勢の変化によって供給が途絶えるリスクや為替の変動などで価格が高騰するリスクなどがある。また、原子力発電は稼働時に二酸化炭素（CO_2）をほぼ排出しないため、脱炭素の面からも活用を推進し、使用の割合を現在の約7%から30年度には20%程度まで引き上げる計画だ。23年5月にはGX（グリーントランスフォーメーション）脱炭素電源法が成立し、原発の60年を超えての運転も可能となった。次世代型の原発の開発と建設も進めるとし、政府は原発活用へ方針を転換した。

83 福島第一原子力発電所の処理水の海洋放出

★★

ポイント
- 福島第一原子力発電所の放射性物質を含んだ汚染水を浄化した処理水を貯めたタンクが満杯に
- 安全基準を満たした処理水を海洋放出

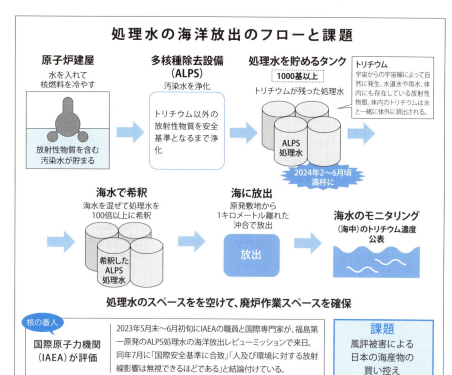

出所:経済産業省ウェブサイト「みんなで知ろう。考えよう。ALPS処理水のこと」を基に作成

処理水を貯めるタンクの容量が限界に

政府は、東京電力福島第一原子力発電所（原発）に貯蔵されていた処理水の海洋放出を決定、東京電力ホールディングスが2023年8月に処理水の海洋放出を始めた。11年3月の東日本大震災の津波で同発所内の1～3号機で炉心溶融（メルトダウン）事故を起こし、格納容器内には今も溶け落ちた核燃料（デブリ）が存在する。それを冷却するために1日平均100トンの放射能汚染水が発生する。汚染水は「サリー」や「キュリオン」という装置に通してセシウムやストロンチウムを取り除き、「多核種除去設備（ALPS）」でトリチウム以外62種の放射性物質を除去して処理水となる。放出の際には処理水を海水で100倍以上に希釈する。政府は処理水を海洋放出しても、環境や人体への影響は考えられないとしている。国際原子力機関（IAEA）が調査し、「国際安全基準に合致」しているなどと報告書をまとめた。

原発敷地内にある処理水を貯めた1000基超のタンクの容量が限界にあり、海洋放出は、廃炉作業を進める上では避けられない状況だった。中国は海洋放出に反対姿勢を取り、23年8月に日本産水産物を全面禁輸とした。

84 大学入試改革

- ▶ 知識偏重から思考力・判断力・表現力を重視する入試制度へ
- ▶ 2025年度入試からの共通テストは新学習指導要領に対応した新しい試験に。「情報」も新設

新しい共通テスト導入までの流れと変更のポイント

■新しい共通テスト導入までの流れ

年	時期	内容
2021	1月	センター試験から大学入学共通テストに移行
2022	4月	高校1年生から新学習指導要領が始まる
	11月（試作問題を公表）	大学入試センターが各教科・科目の問題作成の方向性を公表
		大学が大学入学共通テスト利用教科・科目を予告
2023	6月（出題方法や科目選択の方法などを公表）	文部科学省が実施大綱（予告した出題教科・科目などを含む試験の実施方針）を公表
		大学入試センターが「出題教科・科目の出題方法等」と「問題作成方針」を公表
2024	6月頃	大学入試センターが出願方法や時間割など「令和7年度大学入学者選抜に係る大学入学共通テスト実施要項」を公表
2025	1月	新学習指導要領に対応した新しい共通テストがスタート

＊旧教育課程を履修した既卒者に対しては経過措置が取られる

■学力の3要素

知識・技能／思考力・判断力・表現力等／主体性を持って多様な人々と協働して学ぶ態度

変更ポイント

6教科30科目から7教科21科目へ

- 「情報」を新設
- 「地理歴史」「公民」は、現行10科目から、「地理総合、歴史総合、公共」など6科目で編成
- 「数学」は新学習指導要領で設置された「数学C」を加えて6分野構成に
- 理科4つの基礎科目を「物理基礎、化学基礎、生物基礎、地学基礎」に一本化

英語の民間試験導入、国語と数学の記述式問題の導入は見送りに

コンピューターで実施する試験CBT＊の導入も見送り、従来のペーパーテストを実施
※Computer-based Testing

■高校、大学を通じて学力の3要素を育成（高大接続）。知識偏重から思考力・判断力・表現力も重視

「高大接続」で高校教育、大学教育を一体にした改革 → 学力の3要素を重視（高校：育成／大学入試：多面的・総合的に評価／大学：育成の深化） → デジタル化、グローバル化など変化の激しい時代に活躍できる人材を育成

出所：文部科学省のウェブサイトを参考に作成

2025年から新しい共通テストがスタート

2021年1月、大学入試センター試験に代わり、新しく大学入学共通テスト（共通テスト）が実施された。知識偏重といわれる入試内容を見直し、「思考力・判断力・表現力」を重視した内容に変わった。大学入試改革の柱だった英語民間試験の活用と記述式試験問題については見送られたが、大学独自の試験で使われるケースはある。

文部科学省はグローバル化や技術革新に伴い、社会構造の急速な変化などに対応するための応用力、創造力を養うことを目的として「学力の3要素（1.知識・技能、2.思考力・判断力・表現力等、3.主体性を持って多様な人々と協働して学ぶ態度）」を育成・評価するために高大接続改革を進めてきた。

22年度の高校入学者から新学習指導要領での学習が始まったことに合わせて、25年度以降の共通テストでは国語、地理歴史、公民、数学、理科、外国語の6教科に「情報」が追加され、6教科30項目から7教科21科目に再編される予定だ。旧教育課程の履修者対象に別途問題を用意するなど、既卒者に対しては経過措置が取られる。

85 スーパーシティ構想、スマートシティ

ポイント
- ▶先端技術を活用したスマートシティの開発が世界で進展中
- ▶スーパーシティ構想は政府主導の未来創生プロジェクト
- ▶安全で快適な暮らしを実現

茨城県・つくば市で移動式投票所

　AIやビッグデータを活用して、都市や地域の生活インフラ・サービスを効率化、高度化させる次世代型都市「スマートシティ」への取り組みが世界で進展している。

　内閣府は、行政・物流・移動・医療・環境などを統合し都市全体をスマート化する「スーパーシティ構想」を、国家戦略特区の1つとして推進。2022年4月、公募によって茨城県つくば市と大阪市が指定された。つくば市は特区の制度を生かし、24年度の市長選挙などでワゴン車に投票箱を乗せた移動式投票所による「自宅投票」を可能にするシステムの整備を進めている。

　ICT（情報通信技術）や環境技術を活用し、安全で快適な暮らしを目指す民間主導のスマートシティの開発も各地で進んでいる。三井不動産や東京大学などが連携し整備した「柏の葉スマートシティ」や、パナソニックが中心となって手掛けた神奈川県藤沢市「Fujisawaサスティナブル・スマートタウン」などがある。また、ICT化が進み安全で快適な暮らしが整備される一方で、サイバー犯罪対策などの課題もある。

86 パリオリンピック・パラリンピックの話題

- パリでの開催は3回目。1900年、1924年、2024年
- 2012年のロンドン大会比で二酸化炭素排出量55%削減を目指す

パリの名所の数々が競技場に

新種目

オリンピック
32競技・329種目
新種目：ブレイキン
（ブレイクダンス）

パラリンピック
22競技・549種目

パリの名所を活用

開会式は、世界遺産のセーヌ川
史上初、選手が船で入場行進

パリを象徴する名所で競技の例
- ヴェルサイユ宮殿で馬術
- コンコルド広場でブレイキン
- 全仏オープン会場でもあるスタッド・ローラン・ギャロスでテニス・車いすテニス
- サーフィンはフランス領ポリネシアのタヒチで行われる

大会によるCO₂排出を抑制。会場にはペットボトルは原則持ち込み禁止

オリンピック
2024年7月26日(金)〜
8月11日(日)

パラリンピック
2024年8月28日(水)〜
9月8日(日)

エコと華やかさを両立した大会

2024年のオリンピック・パラリンピック開催地は花の都・パリ。観戦はもちろん、世界遺産や観光名所が開会式や競技会場となることも話題。ロンドン五輪比で二酸化炭素排出量を55%削減という目標もあり、既存の場所を活用し、競技場には使い捨てペットボトルの持ち込みも禁止となっている。また、サーフィンは、19世紀にフランス領となったタヒチで行われる。

87 2023年 スポーツ・文化の話題

- ベテラン俳優がカンヌで男優賞受賞
- 大谷選手はWBCで日本を沸かせ、米大リーグでも存在感を発揮

今後の活躍にも期待の著名人たち

ロサンゼルス・エンゼルスの大谷翔平選手

国枝慎吾氏 （元車いすテニス選手）	21年東京パラリンピックでは男子シングルスで、通算4個目となる金メダルを獲得。22年は7月にテニス四大大会・ウィンブルドン選手権で優勝、「生涯グランドスラム」を達成。23年1月に引退、同年3月に国民栄誉賞を受賞した。
役所広司氏（俳優）	ヴィム・ヴェンダース監督作品「パーフェクト・デイズ」に主演し、第76回カンヌ国際映画祭で男優賞を受賞。
坂元裕二氏（脚本家）	是枝裕和監督作品「怪物」で脚本を手掛け、第76回カンヌ国際映画祭の脚本賞を受賞。
藤井聡太七冠（将棋）	23年6月の名人戦で20歳10カ月で名人を奪取。竜王・王位・叡王・棋王・王将・棋聖と合わせて7冠を達成。名人獲得、七冠達成のどちらも史上最年少記録。
大谷翔平選手 （米大リーガー）	23年3月のワールド・ベースボール・クラシック（WBC）では二刀流で出場し優勝に貢献、MVPを獲得した。米大リーグでも、2年連続2桁勝利、2桁本塁打を達成。

映画で、スポーツで世界を舞台に活躍

カンヌ国際映画祭は日本映画の評価が高く、2023年は俳優の役所広司氏や脚本家の坂元裕二氏が賞を受賞した。スポーツ界では、車いすテニスで世界ランキング1位だった国枝慎吾氏の引退が話題となった。大谷翔平選手は3月のワールド・ベースボール・クラシック（WBC）で優勝に貢献、米大リーグでも活躍していたが、8月に右肘靭帯を損傷した。棋界は藤井聡太氏による最年少記録の更新が続いている。

88 闇バイト

> ▶ 高額報酬をうたって特殊詐欺などの実行役を募集
> ▶ 特殊詐欺の被害額、闇バイトの相談件数ともに増加

闇バイトの典型的なパターン

①SNSで高額報酬を検索し、応募。
②履歴の残らない特殊なアプリに、住所や電話番号、勤務先など個人情報を入力させ、仕事を指示。
③犯罪を実行。
④「やめたい」と申し出ると、本人や家族に「危害を加える」など様々な内容で脅迫。

依頼される内容：・現金などを受け取りに出向く「受け子」・ATMで現金を引き出す「出し子」・詐欺電話をかける ・強盗を意味する「タタキ」など

↑警察が検挙

警察は闇バイト専従班を設ける　詐欺：懲役10年以下／強盗：懲役5年以上（最大30年）

バイトではなく犯罪者の募集

　高額な報酬を求めて、軽い気持ちで応募してしまう闇バイト。バイトという名の犯罪の実行役だ。応募時に特殊なアプリに個人情報を入力するが、実行後はもちろん、実行前に辞めたいと申し出ても、個人情報をもとに家族に危害を加えるなどと脅し、断れない状況に追い込む。警察庁は事態を重く見て、闇バイトの事例集「犯罪実行者募集の実態」をウェブサイトに公表し、注意を呼び掛けている。

89 CO₂の回収・貯留、活用（CCS、CCUS）

> ▶ CCSは排出したCO₂を大気中に放出せずに地中に貯留
> ▶ CCUSは排出したCO₂を大気中に放出せずに有効利用

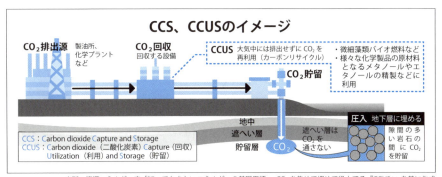

出所：資源エネルギー庁「知っておきたいエネルギーの基礎用語〜CO₂を集めて埋めて役立てる『CCUS』」を基に作成

脱炭素社会に向けて世界で取り組む

　大気中の二酸化炭素（CO₂）の削減に向けて、世界で技術開発が進むCCS、CCUS。CCSはプラントなどで排出されるCO₂を回収し、地層に貯留・圧入する技術。2030年の商用化を目指し、北海道・苫小牧のプラントで、地層や海洋への影響、地震発生時のリスクなどを含めて、官民で実証実験に取り組んでいる。CCUSは、CO₂を利用して燃料や様々な化学製品を作る技術。

第8章 社会・環境 確認ドリル

カッコ内に入る言葉を答えよ。

1 建設から耐用年数の50年を経過している全国の道路橋は約（　　）％になる（2020年3月末時点）。

2 2023年9月で100年目を迎えた関東大震災では、直接死・行方不明者数約10万5000人となったが、約9割の死因は（　　）だった。

3 静岡県の駿河湾から四国沖まで約700キロメートルにわたって延びる深い溝で、大規模な活断層を（　　）という。

4 大豆などを原料とし、肉に似せた食感や味を楽しめる食品を代替肉または（　　）と呼ぶ。

5 政府は、2030年度までに原子力発電の割合を（　　）割程度に引き上げることを目標としている。

6 福島第一原子力発電所に貯蔵されていた処理水の海洋放出が2023年8月から始まった。処理水に含まれ、唯一除去できない放射性物質は（　　）である

7 2024年にフランス・パリで開催されるオリンピックで新種目に採用されたのは（　　）である。

8 車いすテニス男子のトップ選手として活躍し、2023年1月に引退、同年3月に国民栄誉賞を受賞したのは（　　）氏である。

9 SNS（交流サイト）などで高額報酬をうたい、特殊詐欺や強盗などの犯罪を実行することを（　　）という。

10 二酸化炭素（CO_2）を大気中に放出せずに地中に貯留することをアルファベット3文字で（　　）という。

【解答】 1.30　2.焼死　3.南海トラフ　4.植物肉　5.2　6.トリチウム
7.ブレイキン（ブレイクダンス）　8.国枝慎吾　9.闇バイト　10.CCS

第9章

経済の基礎知識

ニュースを見たり新聞を読むのに、
最低限知っておきたい経済の基本知識を、分かりやすく解説。
ニュースの理解度がグッと高まるはずだ。

90 景気 ★★★

▶ 経済活動の活発さを判断する最も基本的な考え方
▶「好景気（好況）」「不景気（不況）」と言われるように景気には波がある

景気循環のイメージ

景気がいい ↑
山／好況＼後退／山
　　　拡大　　　　不況
谷←「景気の波」の1サイクル→谷
景気が悪い ↓

● 内閣府が発表する日本の公式の景気循環は2局面に分割して循環を表している。景気の拡大局面の最高点を「山」、景気の後退局面の最低点を「谷」と表現し、谷から次の谷までを1循環としている。
● 正式な景気の拡大（後退）期間については、内閣府が景気動向指数をはじめとする各種の景気指標を用いて総合的に判断し、事後的に発表する。

「景気がいい」「景気が悪い」とは何か

経済活動の活発さの度合いを表す言葉が「景気」だ。「景気がいい状態（好景気・好況）」とは、モノやサービスがよく売れて企業の業績が伸び、労働者の賃金も上がって消費に回せるお金が増え、ますますモノやサービスが売れるようになる状態を指す。一方、「景気が悪い状態（不景気・不況）」は、これと反対のことが起こり、経済活動の活発さが失われた状態をいう。

在庫の増減が景気循環を引き起こす

景気は好景気の時期（拡大期）と不景気の時期（後退期）を繰り返す。これを「景気循環」といい、「景気変動」「景気の波」とも呼ばれる。その要因は諸説あるが、企業在庫の増減が関係するとの説が有名だ。好景気が続

有効求人倍率：労働市場の需給状況が分かる指標。仕事を求めている1人に対して、何件の求人があるかを表している数字。求人倍率が1を超えれば人手の不足感が、逆に1を割り込めば余剰感がそれぞれ強まっていることを映す。2023年7月の有効求人倍率は1.29倍。

景気循環の種類

名称	周期	主因
キチン循環	約40カ月	企業在庫の調整
ジュグラー循環	約10年	設備投資の変動
クズネッツ循環	約20年	建築物の建て替え
コンドラチェフ循環	約50年	産業の技術革新

景気循環は、こうしたさまざまな「波」が複合的に重なり合って起こる。

戦後の日本の景気拡大期

名称	景気の「谷」	景気の「山」	拡大期間
神武景気	1954年11月	1957年6月	31カ月間
岩戸景気	1958年6月	1961年12月	42カ月間
オリンピック景気	1962年10月	1964年10月	24カ月間
いざなぎ景気	1965年10月	1970年7月	57カ月間
列島改造ブーム	1971年12月	1973年11月	23カ月間
バブル景気	1986年11月	1991年2月	51カ月間
カンフル景気	1993年10月	1997年5月	43カ月間
ITバブル	1999年1月	2000年11月	22カ月間
いざなみ景気	2002年1月	2008年2月	73カ月間
アベノミクス	2012年11月	2018年10月	71カ月間

おもな景気指標

景気動向指数
・景気の動きに敏感に反応する経済指標を総合して算出する景気指標。内閣府が毎月公表。
・景気の山や谷よりも早く動く先行指数、同時に動く一致指数、遅れて動く遅行指数の3指数がある。

日銀短観
・正式名称は「全国企業短期経済観測調査」。日銀が年4回実施。全国1万社以上の企業に景気感などの経営状況を聞き取る。
・速報性が高く、景気の現状を判断する指標としての重要度が高い。業況判断指数(DI)が特に注目される。

いてモノが売れているときは、企業は生産を増やし、在庫量が膨らむ。しかし、見込みよりモノが売れなくなると生産を控え、原材料や部品を販売する企業の売り上げも減る。これが産業界全体に波及して生産活動全体が停滞し、景気の後退につながる。在庫の変動により発生する景気循環は、提唱した学者の名前にちなみ「キチン循環」と呼ばれる。

2002年以降、日本の景気は回復期に入り、02年2月からの景気拡大期間は73カ月間と、戦後最長を記録した。22年7月には内閣府が20年5月を景気の「谷」と正式認定、同年6月から回復局面に入った。23年8月の「月例経済報告」(内閣府)では、国内景気は「緩やかに回復している」としたが、先行きは不透明だ。

関連キーワード　**景気ウォッチャー調査**：内閣府が毎月、小売店主やタクシー運転手などに景況感について調査し、集計・分析して発表する景気指標。「街角景気」とも呼ばれ、2000年から公表が始まった。

91 GDP

- 国内で一定期間にモノ・サービスの生産で生み出された付加価値の合計。一国の経済規模を表す代表データ
- GDPの伸び率を示した数値を「経済成長率」という

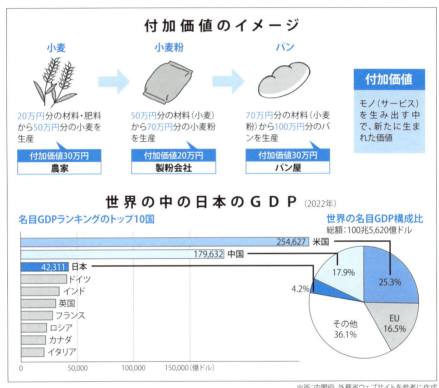

国の経済をはかるものさし

　一定期間に国内で生み出された付加価値（モノやサービスの生産額から原材料などの中間生産物を差し引いたもの）の合計額をGDP（国内総生産）という。この額が増え続けているということは、一般企業にたとえれば毎年利益が増えている状態に相当する。前の期（年）に比べたGDPの伸び率が「経済成長率」で、景気の重要な判断材料の一つだ。

　経済規模がまったく増えていなくても、物価が5％上昇すれば、統計上はGDPも5％伸びたように見える。これを踏まえ、物価変動を加味して調整計算したGDPを「実質GDP」、調整計算していないGDPを「名目GDP」と呼ぶ。

　日本の高度経済成長期の成長率は平均10％前後だったが、近年は低水準。名目GDPは2009年まで米国に次ぐ世界第2位だったが、10年に中国に抜かれ第3位となった。また、内閣府が22年12月に発表した国民経済計算年次推計によると、21年の1人当たり名目GDPは3万9803ドルで、OECD（経済協力開発機構）加盟国38カ国中20位と、20年の19位からランクを下げた。

92 インフレ・デフレ

- ▶物価が継続的に上昇していく現象がインフレ 逆に下降していく現象がデフレ
- ▶インフレもデフレも経済にはマイナスに働く

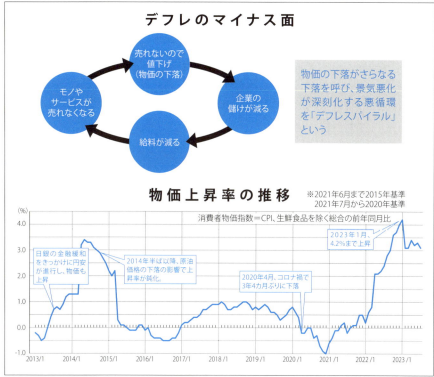

出所：総務省統計局ウェブサイトを参考に作成

物価は「経済の体温計」

その国の経済全体での価格水準を、個々のモノやサービスの値段と区別して「物価」という。物価が継続的に上昇していく現象がインフレーション（インフレ）、逆に下降していく現象がデフレーション（デフレ）だ。

経済活動が活発になり、値段が高くても買いたいという人が増えれば物価は上がる。逆の場合は下がる。このように物価は経済の活発さと密接な関係があるため、「経済の体温計」とも呼ばれる。

物価を示す経済指標の代表が「消費者物価指数（CPI）」。暮らしに身近なモノやサービスの平均的な価格を指数化したもので、総務省が毎月公表している。

日本は長期にわたってデフレ（物価下落）が継続していたが、ロシアのウクライナ侵攻などによるエネルギー価格、原材料価格の高騰などから、2022年3月の物価上昇率0.8%（前年同月比）から4月に2.1%に急上昇した。以降、上昇が続き23年1月には4.2%となった。2月に3.1%に下がり、以降3%台で推移。日銀が掲げる物価上昇率2%を上回り続けている。

93 日本銀行の金融政策

★★

- 日本銀行の最大の目的は物価の安定を図ること その達成手段として実施する経済政策が金融政策
- 日本銀行は 2013 年から大規模な金融緩和を続けている

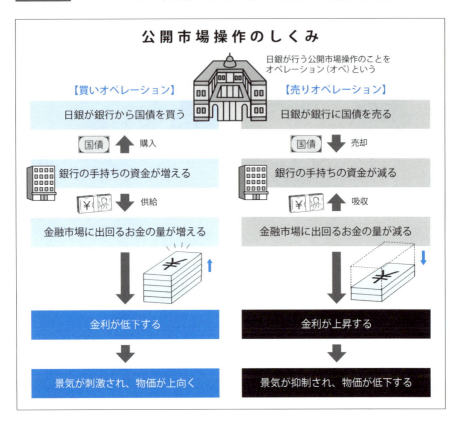

公開市場操作で物価を安定させる

　日本銀行（日銀）のように、国の金融機能の中核を担う銀行を中央銀行という。日銀の役割は、様々な金融政策を行い、物価を安定させたり、景気の調整を行ったりすることだ。主なものに金融市場で民間金融機関と国債などを売買して、市中に出回るお金の量を調整する「公開市場操作（オペレーション）」がある。

金融緩和の長期化

　日本は 1990 年代にバブル崩壊後、景気低迷期に突入した。日銀は 99 年に金利をゼロに近づける「ゼロ金利政策」を実施。2013 年にはデフレ脱却のため、市中のお金の量を増やし、金融市場から買い取る資産の種類や額を増やす「量的・質的緩和」を実施した。
　そして 16 年 2 月、民間銀行が日銀にお金を

欧州中央銀行（ECB）：統一通貨のユーロを導入して以来、欧州連合（EU）圏の金融政策を決定する中央銀行。物価安定に反しない範囲において経済政策を行う。現在の総裁は、クリスティーヌ・ラガルド氏。

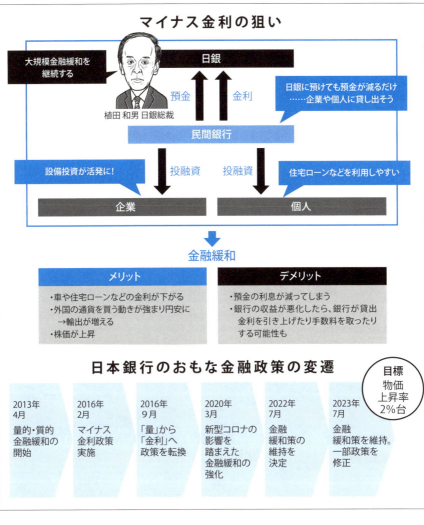

預けるときの金利をマイナスにする「マイナス金利」を導入した。日銀に預ける一定額以上の預金には手数料をかけるというものである。さらに同年9月、マイナス金利政策は維持しつつ、長期金利を0％に誘導していく方針を決定。「量」から「金利」の誘導に政策を転換した。20年には金融緩和を粘り強く続けていくことを表明した。23年4月に、2013年から日銀総裁を務めた黒田東彦氏にかわって、経済学者の植田和男氏が総裁に就任したが、大規模金融緩和の継続を表明。7月の金融政策決定会合では「長期金利の上限は0.5％程度をめどに一定の上昇を容認する」などの政策を修正、長短金利操作（イールドカーブ・コントロール、YCC）の修正を決めた。一方、マイナス金利政策やETFの買い入れは維持するとした。

イールドカーブ（利回り曲線）・コントロール：長短金利操作。日銀は、長期金利をゼロ％程度に誘導、短期金利には一定額以上の預金に手数料をかけることで、短期から長期までの金利をコントロールしようとしている。

94 国債

- ▶国が発行する債券で、国の借用証書のようなもの
- ▶日本の国債残高は1200兆円を超え財政再建は喫緊の課題

国内資金で買い支えられている国債

国民 →(預金や保険料)→ 銀行・保険会社 →(購入)→ 政府 ←(国債)←

借りたお金の使いみち
- 道路や橋などをつくる
- 歳入不足を補う

国債はいわば日本の借金。国民は預金や保険料の支払いなどを通じて、間接的に日本の財政を支えている。

国の歳出・税収、国債発行額の推移

凡例：建設国債発行額／特例国債発行額／一般会計歳出額／一般会計税収
※特例国債：いわゆる赤字国債のこと

出所：財務省「日本の財政関係資料（令和4年4月）」を参考に作成

膨らみ続ける国の借金

　国債は国が資金を借り入れるために発行する債券だ。目的別に、その年の歳入（国の収入）不足を補うために発行される「赤字国債」、道路・港湾など公共事業の財源に充てるために発行される「建設国債」などがある。

　日本の国家財政は深刻な赤字状態が続いている。2023年度予算を見ると、歳出（国の支出）総額約114兆円のうち、これをまかなう中心のはずの税収は約69兆円で6割超にとどまり、足りない分は国債でまかなっている状態だ。歳入に占める国債発行額の割合（国債依存度）は23年度予算時点で31.1%にのぼる。

　国債と借入金、政府短期証券を合わせた国の債務残高の総額を「国の借金」と呼ぶが、23年8月に財務省が発表した「国の借金」の残高は1276兆3155億円（23年6月末現在）。過去最大を記録した。過去に発行した額の累積が増加の一途をたどっている。

　23年度は、コロナ禍から企業業績が回復し、法人税収は増加。物価高騰などで消費税収も増えて歳入は増加しているが、歳出も増え続け、国の借金が膨らんでいる。

95 貿易

★★

- ▶国境を越えて実施されるモノやサービスの売買取引
- ▶日本は「加工貿易」を得意としてきたが、近年では輸入品のおよそ半分は製品が占める

日本の貿易相手国上位10カ国 (輸出入総額)

2010年	1,281,646億円
中国	264,985億円 (20.7%)
米国	162,854億円 (12.7%)
韓国	79,642億円 (6.2%)
台湾	66,188億円 (5.2%)
オーストラリア	53,402億円 (4.2%)
タイ	48,337億円 (3.8%)
インドネシア	38,706億円 (3.0%)
香港	38,381億円 (3.0%)
サウジアラビア	37,173億円 (2.9%)
マレーシア	35,321億円 (2.8%)

2022年	2,163,159億円
中国	438,472億円 (20.3%)
米国	299,881億円 (13.9%)
オーストラリア	137,844億円 (6.4%)
台湾	119,546億円 (5.5%)
韓国	115,225億円 (5.3%)
タイ	77,717億円 (3.6%)
アラブ首長国連邦	71,344億円 (3.3%)
サウジアラビア	62,368億円 (2.9%)
ベトナム	59,293億円 (2.7%)
インドネシア	57,397億円 (2.7%)

2006年までは日本の最大の貿易相手国は長らく米国だった。しかし2007年に中国が首位となり、現在は同国が輸出入総額全体の2割を占める。

※カッコ内の数字は、貿易の総額に対する構成比

日本の貿易額の推移

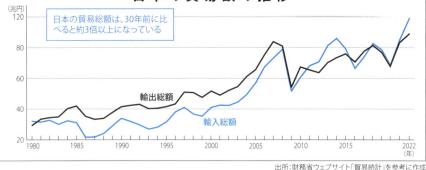

日本の貿易総額は、30年前に比べると約3倍以上になっている

出所:財務省ウェブサイト「貿易統計」を参考に作成

最大の貿易相手国は中国

日本は中国や米国、ドイツに次ぐ世界第4位の貿易大国だ。貿易総額(輸出額と輸入額の合計)は約216兆円(財務省貿易統計)。

その貿易構造は変化している。原材料を輸入して材料を作り、加工して製品を輸出する「加工貿易」で経済成長を遂げたが、近年は輸入品の半分を製品が占める。相手先として中国を筆頭にアジアのウェートが大きい。

現在の輸出の主要品目は自動車や自動車部品、鉄鋼、半導体等電子部品など。自動車は米国への輸出が多く、半導体等電子部品は主に中国などアジア向けだ。輸入の主要品目は原油、LNG(液化天然ガス)で、大部分を中東諸国から輸入している。

日本は1981年から2011年までの30年間、輸出額から輸入額を引いた貿易収支は、黒字が続いていたが12年に赤字に。15年まで赤字が続き16年に再び黒字となった。以降、赤字や黒字どちらも長く続く状況になっていない。しかし、資源価格の高騰などで22年は過去最大19兆9713億円の赤字となった。エネルギー資源を海外に依存する日本で、今後赤字が続くのではないかと懸念が高まっている。

96 円高・円安

- 違う通貨同士を交換する際の比率を為替相場という
- 円高は他の通貨に比べて円の価値が上がる現象
  逆に円安は価値が下がる現象を指す

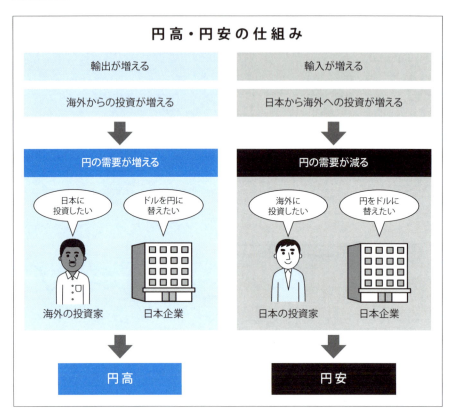

貿易取引と国際金融取引が為替相場を左右

「1ドル=120円」「1ユーロ=130円」など異なる通貨同士を交換する際の比率（レート）を為替相場という。円の価値が高まり1ドル=100円から90円になった場合が円高、110円になった場合が円安だ。

円高・円安を招く要因の一つに貿易取引の動きがある。日本からの輸出が増えれば、稼いだドルを円に替える動きが増えて円高に向かいやすい。逆に海外からの輸入が増えると円安に向かう。

国際金融取引の動きも影響する。海外投資家が日本の株式を買う際には自国通貨を円に替えるため、海外からの預金や投資の増加は円高を招く。逆に日本から海外への預金や投資が拡大すると円安を促す。

外国為替市場：銀行や証券会社などの金融機関が各国通貨を売買取引する市場。外為（がいため）市場とも呼ばれる。東京外為市場のほか、ロンドン、ニューヨーク、チューリッヒ、シンガポールなど世界各地にあるため、時差の関係で24時間取引される。

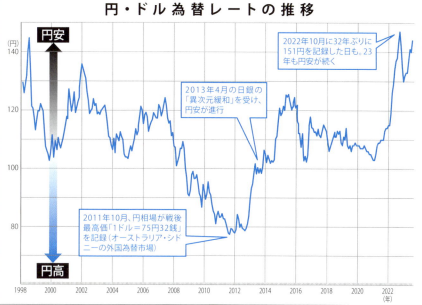

産業ごとに異なる影響

　1ドルの相場が100円から110円と円安になると、海外で自動車を1台1万ドルで販売するメーカーの円建て売上高は10万円増える。円安は自動車など輸出産業の業績の追い風となる。半面、円安になると円建ての輸入代金が上がるため、原材料を輸入に頼る製造業や輸入品を扱う小売業の収益の圧迫要因となる。

　2022年3月、米国の中央銀行制度の最高意思決定機関「連邦準備理事会（FRB）」がゼロ金利政策を解除後、円を売り金利の高いドルを買う動きが加速、円安が進行した。米国が利上げを加速させる中、日銀は金融緩和を維持し、22年10月には1ドル151円を記録。23年も円安は進行し、訪日外国人にとって「安い日本」から「安すぎる日本」となった。

変動相場制：外国為替市場での売買により通貨の交換レートが決まるしくみ。需給バランスで決まるが、相場が乱高下するリスクがある。通貨価値が不安定な新興国では政府が介入してレートを固定したり変動幅を小さく抑える「固定相場制」を採用する例が見られる。

97 企業決算

★★

- 企業の1年間の業績・経営状態を確定させること
- 会計年度は暦の「1年」とは異なり、日本では4月〜翌年3月をひと区切りの決算期とする企業が多い

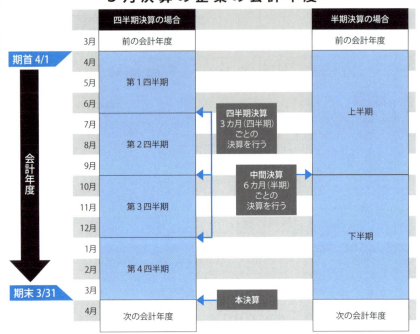

それぞれの期末に決算を発表し、業績・財政状態の中間報告を行う。四半期決算では、次の四半期に業績改善が見込まれる場合は業績予想の上方修正を、悪化が見込まれる場合は下方修正を行う。

企業の「財政状態」を明らかに

決算とは、企業の1年間の売上や利益などを確定させることである。それを決算書として報告することは、法律で義務付けられている。企業の業績や財政状態は、税の徴収や投資判断において必要不可欠な情報だからだ。

決算は通常、年度末に行われる。「年度」とは、1月1日〜12月31日の暦上の「1年」ではなく、営業の区切りとしての期間を指す。日本では4月1日を年度初め(期首)、ちょうど1年後の3月31日を年度終わり(期末)とする企業が多い。会計年度は1年以内であれば自由に決めることができ、10月〜翌年9月を会計年度としている企業もある。決算処理に追われる期末は、企業の財務部門にとって1年間で最も忙しい時期となる。

子会社：他の会社(親会社)からの支配を受け、経済的な面で親会社と一体化している会社。会社法では、親会社が株式の50％超を保有し、株主総会の議決権を実質的に押さえられている会社を子会社と定義している。

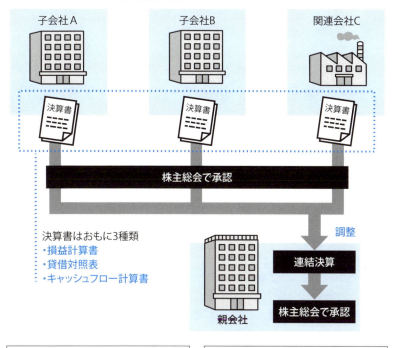

連結決算のメリット・デメリット

 大企業などは自社だけでなく、グループ全体の連結決算を出さなければならない。連結決算の対象には原則としてすべての子会社、関連会社を含めることになっている。国際会計基準を定めるIFRS（国際財務報告基準）財団は連結決算の開示を求めているため、海外でビジネスを展開する企業はIFRSに準拠した連結決算の開示が必要だ。

 連結決算では、子会社を含めたグループ間の取引は利益から除外されるため、財務の透明性が増し、経営の実態の沿った情報をステークホルダーに提供できるというメリットがある。一方、グループ全体の財務情報を集約するために担当部署の負担が大幅に増えるというデメリットもある。

粉飾決算：経営状態を実際よりよく見せるために、決算書の数字をごまかすこと。親会社が子会社に在庫を売りつけ、利益として計上する粉飾決算をしても、子会社を含む連結決算書にはその利益が表れないため、粉飾目的の不当な売買であることを見抜くことができる。

98 損益計算書

- ある時期の企業の利益（損益）を示したもの
- その時期の経営の成績といえる

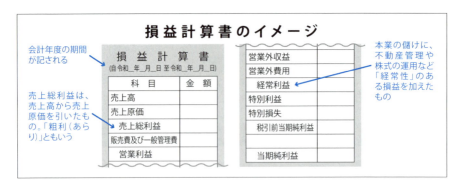

損益を一覧表示したもの

一定の時期の収益、費用、純利益などを一覧にしてまとめた表のこと。要するに、儲けから費用を引いて、どのくらい利益が出ているかを示したものだ。企業は、商品・サービスを提供するだけでなく、不動産資産や株式を運用していることも多い。また、天災などにより売上が左右される場合もある。そうした本来の営業活動以外での損益などについても、まとめている。

99 貸借対照表（バランスシート）

- 企業の全財産を示したもの
- 左右の金額が同じになる

決算書の一つで、全資産がわかる

「貸借対照表」は企業の全資産の状況を表したもの。左に「資産」、右に「負債」と「資本（純資産）」の3項目で構成される。左側を「借方」、右側を「貸方」と呼び、左右の金額が同じになることから「バランスシート」とも呼ばれる。

なお、「負債」は返済義務があるので「他人資本」、「資本（純資産）」は返済義務がないので「自己資本」ともいう。自己資本の部分が大きな会社ほど安定した経営が行える。

100 おもな決算用語

- これだけは知っておいてほしいという決算関連書類に登場する言葉を掲載
- 有価証券報告書には給与の情報も

おもな決算用語

▼「超」基礎用語
- 資産……現金、土地など、会社が所有する財産
- 負債……返済する義務のあるお金
- 資本……会社の元手になるお金
- 収益……会社に入ってくるお金

▼売上高
企業の営業活動によって得た収益。コストや費用を差し引く前のもの。配当・利息収入などの営業外収益は含まない。

▼売上総利益
売上高から販売したモノ・サービスの売上原価（材料などの費用など）を引いたもの。「粗利（あらり）」とも呼ばれる、実際粗い数字だが、比較的すぐに計算できる。

▼営業利益
売上総利益から、本業の営業活動をするための従業員の給与、交通費などさまざまな経費（「販売費および一般管理費」）を引いたもの。本業の営業での利益を表す。

▼経常利益
営業利益に、本業の営業活動以外からあがる利益（営業外収益－営業外費用）を足したもの。本業に伴う預金・借入の利子の発生という「経常的な活動」による利益。

▼税引き前当期純利益
企業はその年限りの利益と損失を出すことがある。経常利益にこうした通常の年度には発生しない利益、損失を勘案した利益を税引き前当期純利益という。

▼当期純利益
企業は、法人税、固定資産税などさまざまな税金を支払っている。当期純利益とは、「税引き前当期純利益」からこれらの税金を差し引いたもので、これが企業の最終的な利益となる。

▼売上高営業利益率
「営業利益」を「売上高」で割った数値のこと。本業の収益性の高さを測る指標。業界にもよるが10〜20％でも高い水準といえる。

▼自己資本比率
返済義務のない資本が、総資本のうちのどのくらいかを表したもの（自己資本比率＝自己資本÷総資本×100）。自己資本比率が高いほうが、安定しており倒産しにくいといえる。

▼キャッシュ／キャッシュフロー
キャッシュとは、普通預金、当座預金、通知預金などのすぐに引き出せる預金、満期日までの期間が3カ月以内の定期預金、譲渡性預金が含まれている。キャッシュフローはお金の流れのこと。

有報はEDNETで閲覧できる

実際に決算に関する資料を見る際に知っておいてほしい用語を上にまとめた。決算情報は企業のホームページに「IR（投資家向け情報）」などとして公開されている。上場企業の場合には、「有価証券報告書（以下、有報）」を見ると、企業の経営状態を詳しく見ることができる。各企業の有報は金融庁の「EDINET（http://disclosure.edinet-fsa.go.jp/）」で閲覧可能だ。有報には決算情報以外にも、「提出会社の状況」の中に平均年齢、平均勤続年数、平均年間給与が記載されている。また、事業上の課題や今後の計画なども書いてある。就活生なら就職先選びの企業研究、社会人なら取引先の状況把握に役立つだろう。

2023年から上場企業は有報に人材育成費や社員の満足度、男女の賃金格差など「人への投資」に関する人的資本情報の開示が義務付けられた。

なお、「損益計算書」と「貸借対照表」に加え、「キャッシュフロー計算書」の3つを「財務三表」と呼ぶ。キャッシュフロー計算書は、会計期間中の「キャッシュ」の動きを表す書類。

第9章
経済の基礎知識

確認ドリル

カッコ内に入る言葉を答えよ。

1 景気は好景気の時期（拡大期）と不景気の時期（後退期）を繰り返す。これを（　　　）という。

2 （　　　）調査とは、内閣府が毎月、小売店主やタクシー運転手などに景況感について調査し、集計・分析して発表するもの。

3 物価変動を加味して調整計算した GDP を実質 GDP、調整計算していない GDP を（　　　）GDP と呼ぶ。

4 物の下落がさらなる下落を呼び、景気悪化が深刻化する悪循環をデフレ（　　　）という。

5 （　　　）とは、道路・港湾など公共事業の財源に充てるために発行される国債である。

6 異なる通貨同士を交換する際の比率を（　　　）という。

7 企業の1年間の売上や利益などを確定させることを（　　　）という。

8 貸借対照表は、左右の金額が同じになることから（　　　）とも呼ばれる。

9 売上総利益とは、売上高から販売したモノ・サービスの売上原価を引いたものだが、俗に（　　　）とも呼ばれる。

10 営業利益に、本業の営業活動以外からあがる利益（営業外収益―営業外費用）を足したものを（　　　）という。

【解答】 1. 景気循環（景気変動、景気の波） 2. 景気ウォッチャー 3. 名目
4. スパイラル 5. 建設国債 6. 為替相場（為替レート） 7. 決算 8. バランスシート
9. 粗利 10. 経常利益（損益）

【編集者プロフィール】
日経 HR 編集部 （にっけいえいちあーるへんしゅうぶ）
就職・転職や働き方をテーマに学生、大学、企業を取材。学生や社会人のキャリア形成をサポートするため、
就職・転職、キャリアアップに必要な情報や、身につけておくべき教養をコンテンツとして提供している。

図解でわかる 時事重要テーマ100　2024-2025

発行日 ———————— 2023 年 10 月 4 日　第 1 刷
　　　　　　　　　　　 2024 年 2 月 15 日　第 2 刷
編集者 ———————— 日経 HR 編集部
発行者 ———————— 齋藤 惠
発行 ——————————— 株式会社日経 HR
　　　　　　　　　　　 〒 101-0045 東京都千代田区神田鍛冶町 3-6-3
　　　　　　　　　　　 URL　 https://www.nikkeihr.co.jp/
発売 ——————————— 株式会社日経 BP マーケティング

編集協力 ——————— 吉岡 名保恵／有限会社 office texte （若槻 基文、藤田 隆介）／忍 章子
表紙デザイン ———— 二ノ宮 匡 （株式会社 nixinc）
本文デザイン・DTP — 株式会社スタンダード （野間 誉智）
本文レイアウト ——— 塩飽 晴海
表紙イラスト ———— のり
本文イラスト ———— のり
校正 ——————————— 有限会社共同制作社／株式会社ぷれす
印刷・製本 ————— 大日本印刷株式会社

ISBN978-4-296-11900-4　C2034

＜著作権等＞
本書の無断複写・複製 （コピー等） は著作権法上の例外を除き、禁じられています。
購入者以外の第三者による電子データ化及び電子書籍化は、私的使用を含め、一切認められておりません。
© 2023 Nikkei HR,inc/Printed in Japan

本書に関するお知らせや訂正情報は、小社ウェブサイトで公開します。
本書の内容に関するご質問は以下のアドレスまでお願いします （お電話では受け付けておりません）。
book@nikkeihr.co.jp

乱丁本・落丁本はお取り替えいたします。